兩岸社會趨勢大預測，

下一個三十年

【　南方華人學派11　】
　　歐崇敬作品集

歐崇敬/著

｜序　下一個華人社會

　　彼得‧杜拉克在二〇〇三年商周出版社出版的《下一個社會》一書中曾提到，中國在十年內將會分裂。日本趨勢學者大前研一提出《M型社會》，指出日本中產階級將逐漸消失。然而，這樣的論述是正確的嗎？對於世界四大經濟體之一的中國合適嗎？適用於台灣嗎？

　　筆者認為這些都是錯誤的。許多的**趨勢分析家**以個人或他國背景角度分析中國及華人社會未來，卻因對中國及華人社會、政治、經濟及民族特殊性不夠深入瞭解，以致預測及分析太過表面，並缺乏統計和精確性。

　　中國大陸在未來三十年內並不會發生分裂。因為中國的經濟體和美國或歐洲的經濟體並不相同。未來三十年內，中國的經濟會繼續保持穩定和上升，中國人會為了改善生活而**繼續**保持和平統一的團結局面。至於統獨之爭勢必延續到下一個華人社會才能有主客觀的談判或討論空間，下一個華人社會也將是開始覺醒的異動時代。

　　中國在未來三十年並不會有M型社會經濟形態產生。原因是中國大陸的經濟發展狀況和日本並不相同。中國的中產階級三十年內，最大的企求仍是擁有一間房子，這種需求不但是實質的，更包含心理需求因素。此外，台灣由於過去二十年人民成為部分政治野心家的消耗品，不管是邦聯、聯邦或兩個政府

的種種可能性，都將在下一個世代之後被重新思考。因為在下一個世代的歷史記憶、社會基礎、經濟發展或整個社會發展區域基礎都完全不一樣。當下個世代的華人往前回顧檢視這個世代時，會發現過去的這幾十年真是既無聊又迂迴。

下一個華人社會將是開始覺醒的時代。應該從各個面向觀察中國社會、中華經濟體或整個華人經濟體未來發展趨勢。從觀察中可以發現，華人社會其實並無需應付M型社會的問題，只有怎樣面對下一個華人社會的問題；下一個華人社會的因應策略即是政府、知識分子、企業界各個階層都必須事先擬定新的策略，並且有自我準備的認知，也就是要對社會發展有明確的認識。

然而這個時代的知識分子過於脆弱，無法有效讓群集發聲並提出智慧。不少的知識分子急於謀官求財、趨附政治或任何一方的意識形態，使得知識分子的理性客觀思考能力下降，而無法洞察兩岸或整個國際局勢，僅提出許多空泛的口號，例如大膽西進、紅海策略或藍海策略等，以致無法掌握兩岸現狀和心理結構，更可惜的是當代的華人社會缺乏全方位的思考或戰略學者專家。

身為華人，對於華人的下一個社會發展一定特別關心。中國是否在未來一、二十年內產生分裂？中國經濟快速發展何時超日趕美？又台海兩岸統獨爭論何時休止？下一個華人社會將是如何變動？華人在未來三十年如何生存？中國經濟體的黑洞是什麼？優勢又是什麼？本書提出一個又一個鞭辟入裡的分析，精確告訴大家下一個華人社會的各種發展性。

歐崇敬　序於南華大學中日思想研究中心

目次

序　下一個華人社會　003

預測一：中國三十年內不會分裂　007

預測二：兩岸關係三十年不會改變　015

預測三：華人不會形成M型社會　039

預測四：欲望與財富結構意義將改變　053

預測五：中國的勝敗關鍵在水資源　067

預測六：偶像與意識形態將被再度重新塑造　071

預測七：人民生活與藝術文明將有新進展　097

預測八：小兒女的愛恨情仇仍處處上演　107

預測九：面對危機與競爭，由「熟悉範圍」中解套　121

預測十：愛國主義、民族主義將被全球化取代　141

總預測：下一個華人社會趨勢剖析　151

｜預測一：中國三十年內不會分裂

　　彼得‧杜拉克在二〇〇三年商周出版社出版的《下一個社會》一書中曾提到，中國在十年內將會分裂，筆者認為這是錯誤的。許多的趨勢分析家以個人或他國背景角度分析中國及華人社會未來，卻因對中國及華人社會、政治、經濟及民族特殊性不夠深入瞭解，以致預測及分析太過表面，並缺乏統計和精確性。

　　中國大陸在未來三十年內並不會發生分裂。因為中國的經濟體和美國的經濟體或歐洲的經濟體並不相同。未來三十年內，中國的經濟會繼續保持穩定和上升，中國人會為了改善生活而繼續保持和平統一團結的局面。至於統獨之爭勢必延續到下一個華人社會才能有主客觀的談判或討論空間，下一個華人社會也將是開始覺醒的異動時代。

尋求穩定是人民心中首要渴望

　　對於廣大中國人民而言，沒有比生活安定、穩定更重要的了。因為連國家主席都可能因為國家經濟不穩定而下台，因此，只有追求安定才是中國最大的前途和希望。也就是說，**未來三十年尋求安定、追求穩定才是中國人民心中最重要的渴望**，這種欲求甚至遠比宗教或靈魂追求還更為重要。這是時代

和過去的歷史造成的中國人民的意識集體發展。對於有過十年文革及動亂不安的十數億廣大的中國人而言，現今和未來追求的人類目標，很明確的就是安安穩穩的活下去，讓生活有確定感、有物質的穩定性才是生命中至要的重點。如果沒有這個先決條件，其他的精神層次追求都是虛妄的、不切實際的。

誠如鄧小平上台後所強調「千千萬萬家庭復合」的口號，如今這也正是每一個中國人心中最偉大的渴望。中國人就從這個渴望為中心點來出發，所有的口號和原則都對準了「穩定、發展」，而中國人便逐步邁向新開啟的希望道路。亦即只要符合中國穩定狀態的道路，都是他們努力發展的目標。

中國人能忍受西方人不能忍受的生活條件

即使中國的發展正循著整個亞洲的情勢及世界情勢而做些微的調整修正，但在整個大前提下，中國的改變卻仍依循一定的脈胳。彼得‧杜拉克認為中國在十年內會分裂，其實他完全忽略了中國人的集體生存意識。以現今的中國人來說，他們有強大的發展欲望，有強大的民族意識作支撐，所有的中國人都不希望分裂，最重要的是，目前的中國人可以忍受西方人所不能忍受的生活條件，而這也正是中國極需發展的重要徵象。

到今天中國仍然有百分之八十的人可以忍受沒有抽水馬桶的生活，其餘百分之二十享受高度城市發展的城市人口，同樣也可以隨時隨地適應農村生活。這和全世界三十多個已開發國家或者是五十多個國際城市的居民是相當不同的。也就是說他們的肉體知覺和其他城市的人民的肉體知覺及承受力是不太一樣的。

他們長期接受廁所的隔間只有一半，甚至廁所沒有門，而且每個人在上廁所的時候，還可以看著外面，看著別人繼續上廁所，即使到了現今，在中國的中西部仍有某些城市還存在著這樣的廁所。雖然中國漸漸在進步，地方硬體在建設，但是千萬不要忽略，大多數的中國人距離這些生活並不遙遠，他們隨時有機會在國內遇到如此落差的景況。

也因為走過這樣的生活體驗，在低度生活品質中過生活，中國人反而格外的珍惜現在的穩定和進步，他們所能忍受的挑戰和所有的西方人及亞洲四小龍的地區華人或東方人是完全不一樣的。

反觀同樣在亞洲的日本社會，日本的社會是重視整潔、清潔、既有的規律和效率，因此，日本人在中國發展事業，其發展邏輯是完全不同的。日本人的可適應性較低。中國人可以為了打拚事業完全不在乎生活品質，只要明天可以過得更好，只要他能繼續賺錢，繼續發展，繼續生存即可，他們的目標是能生存下去是首要的條件。這和其他的社會經驗，即經濟發展是要讓人感覺到舒適、富足是完全不一樣的基礎。

中國將「無中生有」更多的國際城市

距離文革至今，中國現代化的開發事實上不過將近三十年，在這三十年間我們見識了深圳市從無中到有，並成為為中國四大城市之一，甚至躋身世界國際城市之列。未來，像這樣無中生有的城市在中國還會繼續誕生。中國不會只有一個深圳市，部分由舊轉新的城市都可能異軍突起。例如在開發中的重慶，待開發的成都、長沙、武漢等，都有可能成為未來令人耳

目一新的大城市。

近三十年來中國東南沿海民眾的生活大為改變，例如：浙江省大部分的農民所居住的房屋，其規模大小與美國加州的居民一般，甚至空間面積可能更大，生活的品質和條件也十分雄厚。從這樣的發展趨勢若逐步推向各省，人民將充分的感覺到高度希望感，人民會認為這樣的生活總有一天會降臨到自己身上，未來自己的生活也必定有所改善，亦即人民是有往上提升的機會和希望的。

首要都市呈現三種時代生活形態

以目前的中國發展來說，社會及經濟體質很複雜也很特別。觀察數個中國主要國際城市，不難發現同樣的生活空間中罕見的包融著國際社會、標準現代社會和傳統社會的狀態。世界各地的國家首都其實很少有在五十公里內，同時可享有三個世紀或三種時代的生活。

何謂三個世紀或三個時代的生活？亦即後現代主義、現代主義、傳統主義；或是農村社會、開發中社會、已開發城市狀態；抑或國際社會、標準現代社會、傳統社會的狀態。保守估計在中國至少有三百四十三個三層級城市，它們均屬於標準形態與傳統，而其中前十大城市甚至可說已邁入後現代社會。

也就是說，中國人習慣從最尖端的社會狀態，瞬間返回一個缺乏科技及高度工業的狀態。**雖然中國人積極追求現代化、科技化、工業化，但同空間上卻也銜接於平凡物質缺乏的生活**，這突顯出中國人的生活狀態和其他地區人們對生活狀態迥然不同的奇特現象。

其次，中國經過十年文革，在十年無可言喻的生活動盪後，對所有老百姓而言，過去這十年的記憶無法一朝抹滅，十年文革讓現在的中國人社會及心理產生了異於西方及其他社會的發展形態，這種發展和改變也是許多趨勢觀察家所難以掌握和瞭解的。

在高度的希望感中求生存

由於高度的穩定需求，中國人僅要追求的是自己有飯吃，能持續保持安定，卻不一定要競逐和高收入者之間的落差，所以數字計算的意義對中國人來講遠遠小於其他發達國家。他們關心的是自己的存在和貨幣之間的關係，而非自己和他人之間的貨幣相對關係。也就是每一個中國人都是以自己為座標，或以家庭為座標的穩定發展中心。

由於中國人心中擁有高度的希望感，因此只要其經濟體制繼續發展，所有的人，包括現在一窮二白或極度低收入者，就都是有希望的。從精神醫學或社會學的角度來說，一個社會即便不富足，但只要具有高度的希望感，人們就會充滿希望而活下去，這和愛情世界或戰爭世界的存在基礎，都是同樣的道理。

筆者認為，彼得‧杜拉克和大前研一這些非中國的趨勢預言家並未深入瞭解、掌握整個中國社會及心理發展層面，更未掌握中國社會及中國人的心理精神狀態。對所有中國人而言，追求生活的穩定和確定感，需要花一段時間來建構，因為現代的中國人對於文革的記憶並不久遠。一個才剛剛過去三十年的歷史，對大家來說，療傷期還未過去。許多經歷文革痛苦的

人，到今天都還活在世上，而且都還是中年或剛剛邁入老年。

以現在人口的年齡來說，這些人在未來的時間中還可以繼續敘述這段歷史。例如《往事並不如煙》的作者章詒和，即不斷提醒大家，國家的動亂或不安定，是多麼巨大的苦難。中國人為了免除苦難，對才剛剛離去的三十年前的歷史及記憶，至少要有相對三十年的時間來換取穩定感。所以未來的三十年是中國人的療傷和修復期，渴望穩定、追求安定，不希望再有紛爭和分裂，是大家共同的期望。

和諧是中國繼續發展下去的基礎

對中國人來講，過去有層出不窮的運動，這些運動造成社會的不安定，讓人民產生疲累感，因此接下來中國人民希望面對的是一個務實的社會。中國在二十世紀初曾提出「和諧社會」的思維角度，事實上反映了中國人的心理需求。

唯有「和諧」對中國而言才是繼續發展下去的基礎，所以和諧安定發展既然是人心發展的必然需要，也是中國在整個經濟體上的必然發展趨勢，這更支持三十年內中國不會分裂的說法，因為中國將不惜犧牲一切代價來保持統一的局面。

換言之，**任何人想要觸碰中國的統一問題，就會遭受中國人的巨大反彈和反撲。其中又以台灣和中國之間的關係屬最敏感神經。**台灣總認為台灣的獨立只是台灣兩千三百萬人的事務，和中國人沒有關係，只要台灣公民自決就可以解決。

事實上，台灣人絕不能如此過於簡單化這個問題，台灣必須理解，中國人其實一致認為台灣是他們的一部分，不管這

是歷史的錯誤或是政治因素所造成，但它卻是廣大中國人認知上、理解上的事實。

| 預測二：兩岸關係三十年不會改變

兩岸保持現狀，國民黨反覆同樣的錯誤

　　筆者認為兩岸三十年內將保持現狀，既不會發生戰爭，也不會有任何大局面或政治體制的改變，並且繼續保持現狀。原因有二，一是隨著中國經濟持續發展，台灣二○○八年後不管藍或綠執政，都必定轉為以經濟為導向的政治發展；二是和諧統一仍是兩岸目前共同的目標，未來三十年內無論何黨領政，其政策方向不會有太大的變動。

　　從過去八年整個台灣的經營方向來看，即使政黨輪替的發展，兩岸經濟的依存關係不可能一夕改變的。台灣目前所遇到的經濟困局，一定程度上仍必須透過開放某些原有設定的條件來解決現有的難題。

　　未來三十年內，大約還要經過四到七任不同的領導者，無論何黨領政，以兩岸的經濟結構和國際的經濟發展趨勢來看，三十年內兩岸政治仍以維持和諧局面為大，並不容易有太大的變化。尤其兩岸的意識形態在三十年內要做太大幅度的轉變亦是困難的。

　　兩岸對談的條件涉及兩邊的意識形態、政治利益、政治的判斷以及經濟社會的客觀條件。在這些條件交互影響之下，兩岸社會要有大結構的變動絕非易事。過去很多人質疑、憂慮、

擔心民進黨執政將帶來戰亂，事實證明民進黨的兩岸政策不會躁進而直接導向戰爭。事實上，民進黨許多政治人物的友好人士或支持者都在大陸投資，他們確知大陸的經濟利益，只是為了選票與個人的政治利益，不得不以兩岸宣傳方式來獲得政治籌碼。反倒是國民黨始終扮演民進黨大陸政策的防火牆，此防火牆給了民進黨口實，強咬國民黨背離台灣主題性及民意。

再者，中國國民黨過於注意民進黨去中國化的動作，使得民進黨贏得選票。而令人難以置信的是，國民黨反覆不斷地重蹈覆轍，致使民進黨不斷地佔著發球的位置影響整個政局。這從一九八七年解嚴以後到二〇〇七年的二十個年頭裡，使得李登輝以至陳水扁主導的局面佔盡上風，國民黨和藍系的思想卻節節敗退，可以明顯看出。國民黨之所以敗退，主要的原因是他無法精準掌握整個台灣發展的定位，以及體恤人民五十多年來的特殊歷史情感。

但是，國民黨似乎也慢慢的發現必須向主流民意靠攏，因此二〇〇七年準備參選二〇〇八總統選舉的候選人馬英九開始往南深耕，開始貼近民意，這代表著國民黨想要突破，知道自己節節敗退的原因。但是，如何去拉攏維繫與主流民意的關係，如何再重新奪回政權，這也考驗著國民黨。

雖然國民黨已經在向所謂的主流民意修正，但直至今天，國民黨始終沒有醒悟的是為何要去扮演民進黨防火牆的角色，這一直是失去選票的關鍵失誤點。這一點如同中南海政府批判民進黨或者直接協助國民黨，在檯面上都是使台灣人民感覺可能被出賣的風險。

獨派與泛藍二十年內必須深度對話

　　而台灣獨派或泛綠體系的人民思維，始終沒有真正被泛藍系的政客深度的加以理解及同情，這也是國民黨應該省思的地方。所謂的同情和理解未必等於政治立場上的改變，但是卻可以有效化解政治上的心結。如同我曾經在吳淑珍第一次接受法庭審理後，善意提醒藍系的朋友不要發動群眾，也不要有任何情緒批判，因為這樣的批判只會激起泛綠群眾情緒上的不滿，只會加強對立，無濟於事，對於法官的審判也絲毫沒有幫助。最後，馬英九終於作出正確的判定，下令所有立委封口不再繼續批評第一夫人吳淑珍，讓事情的是非交給大眾自行公斷。未來，藍軍政治人物應該要特別注意並主動停止非理性的互相叫囂和謾罵，以免傷害彼此之間的選民情緒。

　　以下筆者提出「解明本土執政是最高的道德」之論述，這並不代表筆者個人有何單向性的認同，但卻表明可以理解深綠選民跟泛綠選民心裡深處的想法和感受。同樣的在這過程中，藍軍似乎是被下了魔咒一般。

解明本土執政是最高的道德

　　台獨大老說：「本土執政是最高的道德。」乍聽之下，從藍軍的眼中，這似乎是一種非理性的語言，更像是無視於社會正義存在的民族主義態度。然而，這樣的態度卻有著它深厚的基礎和市場，藍軍的政治領袖和輿論領袖，如果只將它看作是

民族立場，則無法真正瞭解綠軍，當然也就不可能化解僵局。

什麼是本土執政的最高道德，它是一個反奴役化、反對外省人作為精英族群、反對北京話中心主義、反對被支配化、反對長期以來被邊陲化、被壓抑的政治社會發展繼續進行。

本土人士擔心一旦外省政權復辟，台灣人可能又要回到那個邊陲化的時代。對於台灣人來說，事實上長期有著不能用母語來表達的痛苦、有著不能說出字正腔圓的北京話的辛酸，在公眾場合台灣國語總是受到嘲笑冷落，久而久之，對於凡是能夠說好北京話、對於凡是以標準國語為優雅的價值觀或是使用者，都加以敵視，當然，這些都是非本土。

本土人士對於政權的敏感度，更在一九四九年以後，長達約五十年的時間裡，台灣人只能做部會的副首長，並幾乎難以扶正，如林金生、林洋港、李登輝都是受國民黨栽培的少數。以台南麻豆佳里鎮林氏家族所栽培出來的子弟——林金莖先生來說，擁有美日的雙法學博士學位，並且駐日長達三十年以上的豐富外交經驗，但是在國民黨尚未由李登輝執政之前，就只能是駐日副代表，直到李登輝執政，才擔任了一屆的駐日代表及一屆的亞東關係協會會長，在他作為駐日副代表二十年的任內，多任的駐日代表多不識日文，而且這些人就是台灣人口中的三到五萬人之外省精英、外省貴族。

本省人的巨大不平衡感

在一個班級裡面，我們或許只知道痛苦的人是最後一名的學生，殊不知那個永遠只能是第二名者，但考試成績是第一名的學生可能更是痛苦萬分。本土的第一代精英辜振甫先生，

票著京戲，能說好北京話，兼通英日語，使得辜氏家族在辜顯榮之後，能夠成為紅頂家族，不遜於外省貴族，對於台灣人來講，這是少見的、而且可行的一種典範；連戰家族在大陸娶了外省媳婦，成為台灣早期半山集團，進而平步青雲，位列尊榮，這可說是第二種典範；王永慶白手經商致富，和吳修齊所打造的台南幫，乃至到今天的高清愿、許文龍、張榮發等老台南人，可說是第三種典範。必須說，這三種典範對於一般台灣人來說，前兩種既遙遠而且不是努力即可企及，對於第三種典範來講，雖然凡努力即可事業有成，但是，台南幫也好，長榮集團、奇美集團、台塑集團也好，他們始終不在那字正腔圓的江浙集團、山東幫等外省精英貴族的上流社會之列，充其量台塑、台南幫、長榮、奇美集團，只能保住部分台灣人的自尊心，但卻始終沒有辦法讓台灣人釋懷，那大約五到十萬的外省人，所曾經擁有台灣國家資源百分之八十以上，造成本土人士的巨大不平衡感。

本省人認為只有掌握政權才能找回正義

外省人是不是真的擁有那麼大的資源，由今天來看，難以客觀認證，但是台灣人知道，從二二八事件到郭雨新被作票落選、林義雄家庭血案、陳文成被毆打致死於台大，這一連串的事件在沒有辦法執政的時局裡，別說正義，連一點真相被找尋的機會都不存在。所以，台灣人知道只有掌握政權，才可以找回自己的正義，因為在國民黨執政的時局裡，台灣人哪有正義可言？即使拿了美日的雙法學博士，熟悉日本政局和外交生態、出身台南望族的林金莖，都只能無奈的臣服於外省人為主

體的外交官貴族手下，他始終難以成為主流，他那口流利的日
語，卻怎麼樣也沒辦法換得他那口台灣國語所減去的分數；那
麼，大多數的台灣人為了找到出路，將男孩子努力推向醫界、
法界和律師界，將女兒努力的送向音樂界，甚至是歐美獲取音
樂學位，毫無疑問，他們的**目標是希望別人看得起自己的下一
代，希望自己的下一代不再為「奴」！**希望下一代能夠晉升主
流社會的價值體系之中，也希望憑著子女的階級躍升，進而改
變自己的卑下感。

在台灣，由於這種以北京話和外省樣態美貌為標準的政治
審美或媒體審美標準，其實，更是長期間煎熬河洛語族或者閩
南人的幕後黑手。的確，我們不得不承認有多少藍軍的選民看
不起和討厭陳水扁，是基於他的神態、樣貌和國語發音；那麼
反之亦然，又有多少的綠軍選民在看到宋楚瑜和馬英九的樣貌
和國語就充滿了敵意，這種敵意其實一直延燒到經常在媒體亮
相的輿論領袖、立法委員，乃至外省軍官和留美的博士教授
集團。

但是，對於綠軍選民而言，即便此時此刻能說好閩南語，
能用台語辯論，並且流著台灣人的血液，但是只要是一旦認同
了前面所謂外省精英價值觀，就會成為非本土，當然也就不會
為本土主持正義，當然也就不會為了被奴役化的台灣人，伸張
被壓抑的歷史情懷，那麼也就是不道德了。於是，本土執政就
是最高的道德，其中的邏輯脈絡也就躍然紙上了。**台灣人深切
感到不公平、不正義的歷史情境和社會分配，始終沒有透過公
共政策及公民論述，被全面的檢討及反省過，那麼，本土人士
當然會在這個局面裡認為唯有握著政權緊抓不放，才是實踐自
己主人道德的唯一道路。**

　　於是，獲得政權就可以成為上帝，就是尊貴的王者和貴族，而失去政權就有可能再度進入外省精英復辟於朝廷之中的局面。試問，誰願意卑下？誰願意被奴役化？誰願意被永恆的在政治美學上鄙視？這就足以解釋，何以餓著肚子，也要將票投給本土的爭議政客，也足以解釋何以本土人士永遠必須緊張的把紅帽子冠給外省貴族。本土人士所憂心的不是整體的外省人，本土人士也知道榮民存在的許多苦難故事，本土人士真正憂慮的是那些外省精英所代表的價值觀之團結，進而否定了本土的生存方式。所以，抹紅對手，不顧更多外省人也有血淚故事，似乎就不得不爾了。

主人道德意志的矛盾和期望

　　河洛語族其實更真切的期待，能夠建立自己的單一民族國家，但是對於更卑微的客家人和高山族卻又不忍打壓，實質上在社會地位上，河洛語族又確實高於客家和高山民族。這樣矛盾和期望自己作為主人道德的意志能夠被實現的欲望，好不容易在二○○○年至今幾年時間裡得以伸張，本土怎能輕易的將它放下。從藍軍的角度，本土的執政團隊像是個打家劫舍的闖王集團，藍軍的貴族們作為標準的東宮王母娘娘，似乎很難看順眼這些西宮生的醜兒女，我想說的是這一群醜兒女，他們的人口在台灣超過一千萬，他們也已經開始受了良好的教育，他們其中甚至有人得了諾貝爾獎，但是他們仍然覺得東宮的貴族氣息遙不可及，老實說，他們真心的希望東宮的娘娘和自己的老父能夠真心的平等的愛護他們。只是，當過繼母的人都知道，要表現出對別家的孩子視同己出的慈愛需要何止兩倍以上

的耐心與關愛。綠軍本土人士受傷的心靈當然不會在短短的幾年就能撫平，更何況在出了爭議政客之後，那種悲憤和積極護短的心情可見一般。

台灣島上的人民，被命定著成為一家人

台灣島上的人們，被命定著成為一家人。這些二娘生的孩子們，如今個個身強體壯，也許他們體現出來的美感，和藍軍還是有些不一樣，對於他們長期受傷的情結，我們需要透過更長期的關懷和治療，才能讓我們的孩子感覺到一樣平等的愛，我衷心勸著藍軍的政治和輿論領袖們，愛他們，才有使得藍軍獲得和諧美好未來的機會。

本土執政的情節和需求到底是什麼？事實上我們必須對他加以瞭解，才能知道兩岸的政治情況將會如何發展。原因是台灣在過去四百年裡面受過荷蘭人、葡萄牙人、西班牙人、明鄭時期、清朝政府、日本政府和國民黨的統治，台灣人在這些統治與被統治的過程裡，被迫不斷地改變自己的語言，必須不斷地改變自己的思想認同，並且長期居於被統治的局面。

這如同一個女人在無自主意志下不斷地遭受別的異性佔有自己的身體，並且支配為奴，不斷地為幾個不同男人生子及淪為娼婦，這如何教這群女性能心平氣和的再接受第七個異性成為她的主人。用什麼方法能讓她平靜相信和接受，他們可以共享未來，他們可以在安定的屋簷下共享平等和自主的權利呢？

如果我們把她理解為是一個飽受風霜、飽受欺凌的美麗女子，那麼自要設法平撫她的重大傷口。從心理學精神醫學的角度來說，要平撫這樣的女子絕非一般的精神醫學家或心理諮商

師所可以解決，可能得經過漫長數十年的時間才能解決，而且要很多人出面贖罪才有解決的可能。單是一個台灣的慰安婦問題就很難解決，更何況是一個長達四百年慘遭蹂躪的心靈呢？

　　那麼，難道台灣人不知道陳水扁執政的能力和成績？其實台灣人是完全明白的。深綠的朋友其實很清楚的知道陳水扁做得不好，正是因為他們尚有價值判斷的能力，所以無法說出陳水扁功績卓越是個好總統，只好說本土執政就是最高道德。

恐懼影響了台灣人的判斷能力

　　事實上，台灣人民擁有清晰的是非判斷能力，問題是他們存在著更高的恐懼。他們恐懼的是什麼？是存在的恐懼和焦慮。台灣人擔憂的是，如果在政治這一個防線失守，就可能跌入萬劫不復的深淵。

　　筆者認為，兩岸都應該審慎的正視這個問題。因為，台灣人民的憂懼和孔子的憂懼可能是類似的。孔子不斷地提出夷狄的憂患來威脅百姓，這個夷狄憂患真有如此巨大嗎？事實上沒有。孔子用夷狄憂患來提醒自己的同胞，如果不莊敬自強，就無法保持安穩存在的狀態。這種憂患意識到了現代也深植泛綠朋友的心中，他們同樣擔憂一旦政權失守就得再退居奴僕或俘虜的狀態。其實泛藍的朋友們只要想想這些年失去政權的痛苦，就不難體會這樣的心境了。

　　這一系列的問題意識，影響了中國後來兩千五百餘年的歷史發展，也在這兩千五百年間形成了圍繞著上述核心問題而發展出來的各種觀念系譜學，特別是對「危機時代」的警示哲學思考，直到二十一世紀華人世界依然盛行的一種觀念系譜展

現；言及華人的歷史存有論之表現當不可迴避此一問題，最明顯的時代回應，毫無疑問即是**孔子的仁學文明哲學架構。反省這一系列的問題有助於我們解開華人的哲學心靈與哲學內在意識。**

歷史危機意識的起源

春秋時代初年起到孔子活動的期間之中，文獻上屢屢提及「夷狄」問題；這其中並不意味著夷狄真的如此強大而時時危及著禮樂之邦的中國。實情是，古代中國正恐懼著春秋時代的社會秩序崩解，正恐懼著各貴族在天神系譜中原有的地位將要瓦解，一種無可安身立命的恐怖憂患意識長期地困擾著春秋時期的貴族。於是諸子百家的崛起乃是為了挽救春秋東周社會的原有秩序，各種學說及方案、策略應映而生，包括：《子華子》十卷（已佚）、管仲、子產、《左傳》、《國語》、《論語》、《晏子春秋》、《老子》都屬於這個時期的作品；乃至《儀禮》、《詩經》、《尚書》、《春秋》的整理亦然。

夷狄恐怖憂患意識的構成

春秋貴族的振奮努力是為了維持原有的社會結構，繼續活在那個「無所不在的禮樂活動世界」裡面。一旦這個「禮樂世界」由於內部或外部的混亂或攻擊，其結果都是一樣：成為如同夷狄般的無禮樂秩序規範、亦沒有靈魂歸向的神性世界可居住。是而，「夷狄」一詞在《論語》或《左傳》中的使用皆成

為一種象徵，一種恐怖憂患意識的代表詞語，意味者，憂懼著禮樂社會瓦解後的不知所措，憂患恐怖著人死後不能登入神明譜系中，而成為無所歸依的野蠻遊魂。

由於古代缺乏這種分析性的語言，於是只能用簡單的歷史事件「夷狄之禍」轉化為「象徵語」來表述這種深層懼怕；包括孔子的《論語》。於是，我們終於可以理解何以一萬多字的孔子《論語》中有數十條討論他者所運用的「禮」是否合宜；原來其乃根源於「禮樂社會」是否可以繼續維持的恐怖憂患意識。這種意識投射在君主、王侯的施政時，就具體地表現在「德」符合規範的儀社行動與符合倫理的自律行為法則。

古代缺乏上述「德」的分析性陳述，而係用「德」一字作代表，如此「顯示」：「德」的規範與自律性倫理要求一旦失去，就可能使一個「家／邦／社會／國家／人文世界（天下）」瓦解，人們就會成為夷狄。如此人也就會在神的譜系中失去地位，而成為零丁孤苦的遊魂，所以，貴族思想家、諸子百家開始注意「德」的各種建構、培養、發展、質地的敘述、《左傳》、《國語》、《郭店老子》、《論語》中大量上百種與德所形構的二字聯詞即是例證。

而這其中最懼怕的是君主、王侯「失德」。《國語》中甚至用「豺狼之德」來形容自律與規範力低劣如動物的人或群體，乃至王侯。

如此，春秋時期的恐怖憂患意識也就深深地坎陷在我們第一批的春秋古典典籍。於是自孔子之後，各家提出各種文明哲學、建國網絡、富國哲學。都是為了回應這個恐怖憂患意識，包括《莊子・內篇》的主體性超越哲學也是要超越這種恐怖憂患意識的手法之策略提供。

為什麼要說是「恐怖憂患意識」，而不只是如同徐復觀先生所用的「憂患意識」呢？或者，為什麼不用張灝的「幽暗意識」呢？原因是，春秋時代的貴族、知識分子的確有一種深沉的恐怖感受，深深地懼怕人文世界的崩潰，為「國人」帶來無可名狀的混亂狀態，而這種混亂、不知所措、無有依歸、澈底地虛無感、在天上神明的系譜失位了等就是一種「恐怖」。而「憂患」當是對這種可能出現狀態的不斷自我提醒，不斷地自我警惕之主體意識。

這種「恐怖憂患意識」是否奏效呢？諸子百家的出現就是這種恐怖憂患意識的相關產品，雖然諸子百家出現的原因不單由此而出，但與此確有關連。諸子百家的出現總體看來是要完成一套「文明哲學」，也就是對春秋戰國的人文世界提出各種面向的文明整建方略。這些文明重建方略自齊桓公的管仲到老子、孔子、墨子、文子、孫子的出現，乃至於孟子、呂代春秋學派、管子學派、稷下學派、商鞅學派等各種儒墨道法名陰陽等內涵，都在恐怖憂患意識的壓力下豎起了大旗。

戰國七雄的富強就是這種意識張力下的成果。不過，當戰國七雄興起，恐怖憂患意識是否就退出歷史的舞台了呢？不是的，恐怖憂患意識在戰國時代起轉向於一種「觀念幽靈」，並且長期地形成一種「觀念幽靈系譜學」。

中國觀念幽靈系譜學的源流

若說「夷狄」是中國首次出現的幽靈，而蔓延在春秋戰國約五百年的時間裡之各種討論也就形成一種系譜脈絡。而這種系譜轉向憂患文明崩解，恐怖於文明潰堤。無論儒家的孔子、

孟子、荀子及儒門的先秦各派學者，或是道家、兵家、法家、墨家、陰陽五行家都有此幽靈系譜的發展。那麼，台灣的再被統治也就是泛綠者的幽靈系譜了。

例如：道家關心上古到周代之「存有」的遺忘問題，而那才是真正的「失德」；兵家擔心外患、法家擔憂不富足而受到邦國的瓦解、墨家設法鞏固國家的管理與守備、陰陽五行家對大自然盡可能分析以使得人可以安頓於邦國之中。

於是，我們觀念幽靈的負面意識如同遊魂一般地飄盪在華人的胸中。也就是說，**觀念幽靈以各種變身的形態由出現在戰國諸子思想系譜到台灣是遍及群眾的。是而這樣的思想系譜開始燃燒到自秦亡後到現代的兩千多年的發展史。**

在這其中挽救時代危機，以及掃除觀念幽靈意識的討論與態度就不斷地出現在歷朝的危機時代中。例如：漢代的匈奴問題、漢末時代王朝被某些缺乏道德自律者竊取，政權腐化將造成人文世界面對瓦解的危機；這就可以說是「夷狄」恐怖憂患意識的另一種變形。這種恐怖憂患意識逐步由神明系譜、禮樂邦國人文世界的失位轉成為對「華夏文化」的存亡恐怖憂患，終於成為統獨的爭奪所在點。

這個恐怖憂患系譜向下延伸，晉代與南北朝即有「五胡亂華」所造成的實質恐怖。而唐代有突厥等族之患，並且唐代內在一直有胡服與文化上的危機，這個危機明確又指向了「華夏文化」結構崩解的恐怖危機。終唐之世這個問題其實都未能解決，終而乃導出五代十國之際的實質危機。

而有宋一代可以說都深深地埋在這個陰影中，而宋代又確實在金、遼、元各少數民族國家的圍繞。於是，宋代就又籠罩在「夷狄」的恐怖憂患意識之中。明代的修築長城更是一種具

體的表現。而元、清兩代則可以說是觀念幽靈的「肉身化」。

如此的幽靈系譜學乃主要表現在政治與文化結構的維持關切上面。於是，君主與國家是否「有德」、「有自律的秩序表現」、「有倫理的自我要求」就成為因為觀念幽靈系譜學影響下的主要關懷。在《國語》、《孫子》、《郭店老子》、《尚書》、《左傳》這幾部較為古老的典籍裡共出現了上百種的「德」字使用或與「德」相關的詞語。

換句話說，「維持禮教秩序」是中國人文世界中一個核心的價值。它反應著對恐怖憂患意識的自我消解與對觀念幽靈系譜的各時代存在現象。觀念幽靈是一種負面陰影，並且總是在中國歷史上陰魂不散的。它之所以陰魂不散其實尚有另一項重要的因素與支配，這就是中國歷史上的苦難記憶。

華人與台灣的苦難記憶與觀念之幽靈系譜

觀念上的幽靈系譜與恐怖憂患意識結合之外，同時也與苦難記憶作連結。與恐怖憂患意識結合之下會出現各種文化上的反應與策略、學說或知識分子在社會層面中的呼喚。與苦難記憶結合的觀念幽靈則表現在歷史事件的不斷自我悼念；例如三國的古戰場、南京大屠殺、二二八屠殺事件、鴉片戰爭、八國聯軍及文化大革命等。這些苦難記憶尚會不確定地分布在社會階層上的不同群體，以文化大革命而言的苦難記憶就特別地集中在知識分子社群，以二二八事件而言就特別集中在省籍的對立意識上。

這些苦難記憶，會明確地在歷史文化脈絡中，形成新形態，或在舊形態轉型下形成觀念幽靈意識。許多的苦難記憶是

基於一種尊嚴上的苦難，例如：鴉片戰爭、英法聯軍、甲午戰爭、八國聯軍，就深深地在中國人的心靈中產生幽靈效應。

例如：民族主義、義和團主義、太平天國效應都是在面對著「苦難記憶」與「觀念幽靈意識」而產生的效應。那麼，統治者、極權主義者、知識分子在塑造意識形態、應用意識形態、批判意識形態、公民社會的重建、民族屬性的改造等，也都在此處著力。

華人的知識精英乃至庶民群家其實是長期地經受著觀念幽靈意識的擺佈，並且受到苦難記憶的折磨。例如：對日抗戰、長達數千年的所謂「外族入侵」苦難、恐日與仇日症候群。這其中存在著各種英雄主義可以出現的空間，同時也存在著各種社會理論家可以出現的舞台背景，例如：諸子百家與當代若干所謂公共領域的學者皆屬此類。

春秋時局，特別是西周亡後到孔子活動的時代中約兩百餘年的期間，貴族或知識分子的某些有識之士，經常論及到「夷狄」問題，實際上「夷狄」兩字的使用已超越了東夷與北狄的民族實體指涉；在《春秋左傳》、《國語》、《論語》中已進入了一種象徵詞語的轉化使用。這個詞語的轉化使用背後隱藏了三個重大的哲學心理學及歷史哲學、文化哲學的問題，即：「恐怖憂患意識」、「觀念幽靈的系譜發展」與「苦難記憶」。更環繞著君王治國的「德」與春秋時代貴族透過「禮樂」而實踐的「德」之「失」與「得」之問題，進而展開了在「天下／國家」中之「德」的「得／失」問題與社會結構之「安穩／瓦解」問題的關切。

孔孟學說、墨子學派可為危機時代的化解藥方

　　當然，先秦的孔孟學說、墨子學派也就都與這種危機時代的化解藥方有著必然關係。孔子身後三個最主要的學派：一為與子游、曾子、子思、孟子相關的思孟學派，另外尚有子貢到齊所開的易學系統，以及荀況所代表的禮樂文化哲學的純正魯學思想。這三系在兩漢以後又成為中國思想界的主流力。而這各系統的儒學發展其實也代表著繼承孔子之後，反應恐怖與幽靈意識的可能途徑。例如：《孟子》、《中庸》、《大學》與《荀子》是不同的路線，也代表著不同的反應方式，而易學、包括《易經》、《易傳》所提出的文明哲學都是不同的時代危機的解決方案。而這三個系統也具體的表現在後代的兩漢、宋明儒學、清代實學、二十世紀中國儒學的各種發展其實都在這些脈絡中，也都在用不同的形式重新反應的我們對夷狄恐怖意識、觀念幽靈、苦難記憶的危機處理。

中南海應以「太陽策略」取代「北風策略」

　　瞭解本土執政的需求與情結，不代表台灣必然要追求獨立，也不代表台灣必然需要進入聯合國。因為誰都知道，台灣獨立與否關及聯合國及國際情勢，中國當局如果瞭解台灣人民的心情，**想要贏得台灣人民的支持，就應該不要再啟動三空政策來空洞台灣的邦交國，應該保留台灣現在的邦交狀態，給台灣人最後的尊嚴。**因為這樣的競賽已經毫無意義。

這樣的競賽如同藍軍的立委去打擊吳淑珍一樣，只會激化綠軍的選民以更非理性的方式團結在一起，維護那最後一點的生存尊嚴。若中國大陸再繼續圍剿台灣，將台灣的邦交國絕對的抽空，那麼台灣就會澈底的感覺到自己的孤立與悲憤，這時非理性力量將更為抬頭，只會增厚綠軍的選民基礎，而無法讓台灣走向理性的執政道路。換句話說，中南海的對台政策柔性力量有待加強，剛性力量應該要漸進拔除，對中國的內政的處理方式和對台灣問題的處理方式，絕不能是同一個思考邏輯。

台灣將因中國而獲利，目前已經因中國而獲利的台灣人口大概超過兩百萬人。問題是整個台灣是不是能夠因中國而獲利，這才是大家所關心的。當然，也並非每一個台灣人都能因中國而獲利。

所以，某些團體因為擔憂自己的獲利程度而拒絕與中國三通，或與中國做更深度的交流，這是完全合理的。兩岸政府其實不應該將它擴大處理，或者一概的把它界定為毒害的行為，甚至也不應該把它打成是去中國化的行為。

簡單舉例：台灣的一百六十多所高等學校因為人口結構的問題，未來招生可能發生困難。預測未來十年內可能有約三十到六十所的高等學校會因招不到任何學生而經營困難。對於是否支持開放中國大陸的學生來台及承認對岸學歷之政策，許多高校領導者認為，開放措施不但不會增加大陸的留學生，反倒大開台灣到大陸的留學之門。他們還認為，台灣的大陸學生應該也有經濟能力可以到歐、美、香港等地留學。因此，依據某立場的理性判斷就讓他們反對支持開放陸生來台或承認對岸學歷的政策。而不承認對岸的學歷，就會造成雙方此一問題的溝通。

　　在這個條件基礎之下，**所應面對的不是統獨的問題，而是雙方利益的問題。**當然，還有非常多的利益團體也會為著自己的利益而拒絕做進一步的三通，或者更多的交流往來。基本上這是一個區域保護主義，這種區域保護主義只能在局部的地方實施，因為大的局面上台灣和中國的經濟依存關係不可能改變，既然台灣必定因中國而多方受惠，那就必須要預留其他各團體更多的時間和轉型的機制以做調整。

　　再依前例而言：台灣的高等學校在人口結構自動減少而至無法再萎縮的情況下，反對力量自然會減少。另一方面，如果台商的子女人口繼續增加，返回台灣就讀的需要性提高，那麼這一來一往的消長就會改變整個態勢。同樣的，很多其他方面的交流也會隨著時間的轉變而改變態勢。換句話說，兩岸的三通在各個條件上面應該是以各個項目來逐一進行，而不應該一概而論。

　　所以，表面上綠營執政者總是以國家安全為理由，這個理尤其實只是一個表面的理由。因為，這個理由比較省力、簡單、快速，否則在媒體面前要講述一個詳盡的理由並不簡單。於是，綠營只有選擇一個簡單的策略來加以拒絕。因此，不管是藍營或中南海當局都應該要仔細深入瞭解其中意涵並引以為戒。否則只聽表面上的字義層面，經常誤以為綠營是非理性化判斷的層面和非理性的思考，就無法掌握整個綠營的民族情感或國家部分族群情感。

　　試想，如果只是因為綠營選舉獲勝而受到煽動，就有今天這樣的局面，那絕對不會有如此大的效應。真正關鍵的原因是有另一股隱藏的力量潛藏在其中，始終沒有被化解。所以藍營名嘴用簡單的理性邏輯和判斷能力，而沒有從心靈的角度去加

以深度的思考和澈底解決，這樣的處理是一個治標的處理，而不是一個治本的處理。族群問題並沒有辦法獲得全面的清理，而這個全面的清理既需要耐心也需要決心和毅力，更需要有好的社會心理的訓練才能夠加以聆聽。

誰都別想挑動分裂的敏感神經

中國人認定台灣是他們的一部分，這是非常明確的態度，任何人都不應該忽略。有十億以上的人口認定台灣是中國的一部分，這不僅是事實問題，還要從心理的角度來看待這個問題。當台灣想正式追求獨立，就會引動全中國人國家將分裂的敏感神經，誰想破壞他們的安穩，誰就要面對全中國巨大的反撲力量，並付出巨大的代價。

從現實立場來說，台灣保障自己最大利益的方式，其實是讓中國繼續保持穩定，兩岸繼續保持現狀。當中國統一或獨立的紅色警戒線，漸漸趨緩，漸漸理性化，不因獨立而引發爭議時，雙方才能進一步達到理性討論統一的態度。

因此，台灣若要平穩發展，其實應該先擱置這個問題，不應該把這個問題宣言化，否則所遇到的障礙將更為巨大。

由於中國不希望分裂的意識形態高漲，再加上人民追求安定，企望經濟成長，未來三十年整個中國即以此為核心不斷地發展擴張，並且堅固不滅。

台灣必定因中國而獲利

當台海兩岸不斷地以政治關係產生拉鋸戰之際，中國大陸其實也會不斷地產生變化，他們內部進行自我計畫、自我要求，民主化和現代化將更完備，在面對強大挑戰的情況下，將不斷地昇華其社會格調和屬性；而台灣同時也在面對如此強大的同文同種政權刺激下，提出各種相應辦法。在如此的激揚振盪中，台灣其實會因中國而獲利。因為，台灣不會讓自己的發展弱於中國，弱於東南沿海，一旦經濟下滑或經濟沉淪，台灣當局自會以對岸作為座標來加以比較，並保持自我發展的水平。這樣的態度和壓力是任何一個政府上台都同樣會維持的。

雖然台灣持續地推動土地運動和去中國化運動，但那僅止顯現出當前台灣希望自主的心理和狀態，卻不能彰顯出台灣在自身及國際社會有什麼強大的推進力，尤其是**一旦台灣當局企圖跨越紅色警戒線時，即得面臨甘冒兩個最大的風險的壓力，一個是戰爭，另一個則是經濟全面崩盤而後再重建。**

台灣當局一直明瞭著一件事情，即很多事情不是斷不可為，而是一旦去執行或推動，就必須面對發生戰爭的可能發生事實，而接著而來的就是全面經濟崩盤。有誰能承擔這樣的風險？又台灣有多少人有真正做好戰爭的心理準備？答案很簡單，大多數的台灣人並不希望戰爭。台灣人同樣恐懼戰亂，害怕民不聊生。他們習慣安逸，企望維持太平形態。

試想，現在的台灣人能夠退回到沒有馬桶的時代？能夠再適應沒有人幫忙收垃圾的生活？而同樣的情形再對比中國大陸人民，他們能夠接受沒有馬桶及沒有人幫忙收垃圾的生活，甚

至餐風露宿的人口比例仍非常高。這告訴我們，台灣做好戰爭準備的人其實是極度稀少的，願意全心全力投入戰爭的人可能少於一千人，其中還包括主要戰力部隊。

以中國大陸和台灣目前的戰力和戰爭心理準備來說，其實雙方都心知肚明，無論在戰備、戰爭實力、戰爭優勢、戰爭條件、戰力支援上等，中國大陸完全掌握優勢。中國一方很清楚地知道，只要破壞台灣中央山脈的電力系統，台灣可能就會宣布投降。但中國大陸不會動用這樣的武力，也不想使用這種方式，因為如此將影響國際社會觀瞻，對中國大陸經濟發展並不利。而台灣這方其實也很清楚中國的想法和考量，重點是台灣有沒有面對戰爭的能力和條件。對此，主張獨派份子其實瞭然於心，因之作為其**推動台獨戲碼。表面上是演給國際社會和中國大陸看的許多動作，實際上是演給自己的選民看的。**

也就是說，獨派份子真正的競爭對手是在內部，他們對於把自己內部的競爭者去之而後快的力量，遠比對泛藍系統或對中國大陸政敵或對對手打擊要強烈得多，理由是他們真正的舞台及票房或利益全來自一群相信他們會成功，並且以現在這種方式就可以獲得獨立的粉絲和支持者上面。這些粉絲是他們經濟的提供者，舞台提供者，權利提供者。這些獨派份子絕對不會放棄對粉絲和支持者的演出，未來仍將提出各種口號來繼續推動台獨主張，並讓這個戲碼能夠持續火熱，繼續澎湃，才能延續其自身利益。

台灣泛綠政營中的政治人物其實清楚地知道國內政治生態，完全地掌握國際情勢及中南海情勢，只是台海發展及未來不能說破，否則將影響其政治利益，並影響國內經濟利益。因此，台灣約有一千名左右的政客，基於自己利益的需求，以犧

牲台灣兩千三百萬人的社會心理，繼續保持現有政台舞台及局面，讓國內處於永遠動盪變亂的狀態，讓整個社會進入好似不太有希望的狀態，這便是他們最大的運作籌碼和發揮空間。

台獨的推行只是一種心理需求？

縱觀台灣島內的經濟基礎仍具有一定的良好程度，可是愈來愈強烈的無希望感卻逐漸籠罩人心。為什麼會如此？這個問題其實與利益、政治、意識形態衝突息息相關。很多人很想知道，國內支持台獨並且具有強烈決心備戰且不怕經濟利益崩盤的人有多少？這些人隱藏在哪裡？又有誰能具體測驗證明這些支持者是真心的？

其實說穿了，台獨的推行一直以來產生的成效多是表面的，只是一種心理上的需求。這種需求如同紫京城裡東宮娘娘和西宮或其他嬪妃互爭地位，其中的實權仍來自於其他。亦即它是一個沒有根基的權利爭奪，卻對心理的滿足產生絕對的效果。

台海兩岸統獨爭論不休，兩岸目前仍對未來的政局發展仍無法對焦，原因是雙方的心理準備不足，兩岸真正談論這個問題的時機其實尚未到來。目前所有的談論都是牛頭不對馬嘴，兩邊的心理狀態仍無法達到客觀或主觀的調和狀態。

台灣人對國民黨當時的白色恐怖及種種迫害，歷經各個民族統治台灣，仍無法走出陰影，而中國大陸歷經文革及強烈的愛國主義使然，仍處於建立強烈自尊心階段，兩邊的受難者及歷史經驗者都尚在人間。雙邊之主觀心理是沒無法簡單進行溝通，必須讓時間來解決一切，抹平歷史記憶和創傷心理，更必

須讓時間來解決兩邊的社會發展的不平衡，和社會與社會之間的語言溝通。

　　舉例而言，上海市是一個高度現代化的典型國際都市，她和台北的相似度很高，但兩者之間要溝通卻非易事。因為兩者間的歷史背景、語言條件、經濟環節其實存在著巨大的差異。因此兩岸目前的風馬牛不相及或牛頭不對馬嘴並不代表所有的選項的不可能，未來三十年內兩岸明顯地無法達到談論統一獨立等問題的時候，統獨之爭恐怕得延續到另一個世代才能展開。而下一個華人社會必須承認現狀事實繼續向前發展，兩岸問題屆時才能順著時代發展在成熟的時機達到順利的進展。

預測三：華人不會形成M型社會

　　日本趨勢學者大前研一提出M型社會，指出日本中產階級將漸消失，而中產階級消失以後所形成的整個經濟基礎將產生變化，這樣的論述對於世界四大經濟體之一的中國合適嗎？適用於台灣嗎？華人的經濟發展背後代表著什麼樣的意義？他們希望什麼樣的生活品質？想過什麼樣的生活形態？華人的未來發展競爭是什麼？面對的全球壓力又是什麼？有機會創造怎樣的契機？又將改變些什麼？

　　中國在未來三十年並不會有如大前研一所說M型社會經濟形態產生。原因是中國大陸的經濟發展狀況和日本並不相同。在日本房貸是很大的壓力，但在現在的中國及未來三十年內，對中國的中產階級來說，仍然企求擁有一間房子，這種需求不但是實質的，更包含心理需求因素。

中國擁有特殊形態的經濟體

　　中國的經濟體其實是一個相當特殊形態的經濟體，這個特殊形態的經濟體來自於廣大的土地管理、眾多的人口資源、特殊的政治發展背景及整個民族生活經濟形式的融合。

　　在中國任何一個地方，任何一個單位，都有黨支部及書記，而中國政府也是自秦始皇以來最能有效下達中央政府政令

的政權，而此有效下達中央政府政令的過程，亦使得北方話越過長江以南、錢塘江以南；越過珠江甚至到達西南方。因此偌大的中國，每一個地方的老百姓都能夠使用北方話語系統，而且認知北方話語系統是大家溝通的語言，這是中國語言和上下溝通工具上，最重要且最大幅度的開展成效所在，這也是中國未來發展的重要原因之一。

此外，中國的地理形態並不等同於西歐，表面上中國的地理形態和蘇聯以外的西歐看似相似，事實上不然。由於語言的單一化，再加上各地方言系統各自發展卻不影響語言統一，使得中國的民族關係和地理關係形成一個既統一又各自得以自主活動的網絡，更形成都市人口和鄉村人口得以交互彈性發展的便利條件。這樣特殊形態的經濟發展，讓中國即使處於經濟危機也能善用農村經濟及農村人口，並得以度過危機，順利轉化經濟發展進程。

縱觀整個中國幅員關係，事實上是相互依存的。中國大部分的省份是內陸省份，內陸省份的資源是不能和沿海省份相提並論。中國現今的六大經濟區，分別是大連瀋陽、北京天津、青島濟南、長江三角洲、廈門福州、珠江三角洲六大經濟區，再加上上海澳門。中國實際上已經成為世界四大經濟體之一，在不久的將來還會超過日本經濟體，其實若以華人合論，更早在日本之上。

中國的幅員如此廣大，現今已發展的經濟區僅僅只在大約六、七個省份的所在地，佔大陸的國土面積和人口發展比例僅在十分之一以下，其他的十分之九的區域難道就自絕於那十分之一以下嗎？那是不可能的。因為中國擁有龐大的內需市場，再加上龐大的勞動力，以及龐大的社會資源、國土資源、林業

資源、農業資源可作為交互運用，還有許多城市的經濟發展未來前途無量。

中國人民擁有超大彈性的經濟操作空間

　　中國的經濟體制及中國人民能操作的經濟槓桿，是複雜且盤根錯節的。因為中國大陸幅員廣闊，各地區的生活及經濟消費形態迥然不同，而且差異極大。因此人民的生活方式及經濟都可以彈性運用及選擇。舉例而言，在北京一個收入普通的中產階級，雖然每月結餘所剩不多，卻可以規劃不錯的家庭旅行。這個收入普通的人，如果選擇到全國城市排名前三十位的成都市旅遊，全家人在成都居住一個月，才僅僅需要人民幣一千塊，若再含括居住、飲食及交通費，也才僅需約兩千元即可。試問，全世界哪一個國家可以擁有這種生活品質和彈性經濟操作。

　　中國土地資源的換算經常瞬息萬變，尤其是透過廣大的農村，能產生許多意想不到的資源和擁有感。由於城鄉差距大，中產階級在經濟及資產的運用彈性很大。舉例來說，在大城市的人們要購買一間普通價位的房子，負擔可能比較重，但如果離開城市五十公里外，就能購買一大間房子。因此，對中國人來說，短時間內房貸不會是構成生活壓力的絕對原因，而這也不會成為讓中國大陸中產階級消失的主因。

大陸教育只有競爭憂慮而無經濟壓力

　　而在**教育上，中國大陸的中產階級並沒有不敢結婚或不打算生兒育女的問題，因為中國早就實行一胎化，生兒育女對他們來講是零或一的差距而已。**而人們養育孩子的條件也和其他的發達國家社會不同，他們可以動員家裡的老年人力協助養育子女，家庭的人力資源調度和其他西方社會、日本社會甚至台灣社會都不盡相同。

　　中國人甚至不用擔憂孩子未來的教育費用。對他們而言只有未來發展及競爭的憂慮，而沒有教育費上的擔憂。在現今的中國社會，仍普遍存在著某些村落或鄉鎮傾全村送一個孩子上大學的故事。他們能有辦法克服經濟上的困難，最怕的是沒有未來或沒有成就發展的機會。只要能掌握未來、掌握成就的良機，他們可以傾一切能力全力以赴。因此，類似日本M型社會中產階級消失的條件，未來三十年內在中國是不適用的。

　　中國的中產階級以自己為座標，重視的是當下和短暫的未來是不是能改善，有沒有機會往上爬，他們想要掌握美好的未來，卻缺乏看清國家的未來或國際未來的視野和格局，再加上整體社會環境的混沌及缺乏各種精確統計，身為國家螺絲釘的中產階級，自然無法跨越宏觀，弄清整個國家未來發展趨勢。

西方的景氣及經濟理論不全然適用於中國

　　中國人其實並不相信西方所預測的景氣循環和景氣理論，他們覺得景氣循環及理論數據變動預測，卻未必適用於華人社

會或各經濟區預估，他們反倒注意所有來自四面八方的機會和條件。因此，許多西方式的經濟理論和模式套用到中國總是行不通或不夠準確，許多西方經濟學家或大師往往必須修正自己的理論，以解釋中國變化莫測的經濟發展。

那麼，中國的經濟理論模型為何？什麼單位或什麼人建構了中國的經濟理論？到目前為止，我們並未見到一個優良的中國經濟理論被建構，原因是沒有一個清晰的量化數據能清楚的提供給經濟學家們來運用及論述，呈現及掌握的只有模糊的模型和形態。

另外一個困難是，**經濟學家除了掌握經濟要項和經濟發展脈絡外，還必須充分瞭解中國人獨特的處身哲學及獨特的意識形態，才能深度瞭解中國人的經濟行為**。因為人的經濟行為不可能離開人的思想，當人們的思想不同，其經濟行為也會稍微或澈底改變。

簡單舉例，阿拉伯人的經濟行為跟日本的經濟行為相同嗎？答案當然是不一樣。這就是為什麼西方模式的經濟理論套用在中國會不適用。唯一有可能提出對中國適用經濟模式的地區，可能是來自香港或台灣，但是這些地方卻沒有出現大師級的經濟學家或中國景氣預估專家。

中國的景氣問題牽扯到許多可以彈性運用的區域經濟，各個區域經濟裡也無法從屬於同一經濟結構的景氣循環，這無關政權的統一與否，而是因經濟的活動方式雖為連鎖，但效應卻可能極其緩慢，致使各地景氣循環不一致，難以同一景氣理論來推論全部區域經濟發展。

正如上海、深圳的景氣，無法和武漢、重慶甚至長沙的經濟景氣相提並論，也沒有任何經濟學家敢論定在上海發生的經

濟事件或經濟狀況會同樣的在杭州或武漢、長沙、重慶、西安上演。各區域經濟的發展並無命定性，合理的經濟學訓練也不敢肯定各區之間有絕對的命定關係，除非將意識形態戳破作為經濟學信仰才有可能。

他國的錯誤評估是中國發展的最佳保護傘

而其他各國則可能因為採信他們的經濟學家對中國的誤判而錯估中國的實力及市場，從錯估到正確的認知則可能要花費超過三十年以上的時間，因此，這樣的誤判和錯估，就足夠使中國有效發展並且繼續強大。而中國人即在求勝當下以戰養戰，從中換取下個階段的安定。

在這樣的戰略格局下，擁有十三億以上巨大人口的華人社會，下一步的經濟發展會是怎樣？預估下一個華人社會可能是呈現數以億計的作戰單位，其所建構出的新經濟體形態，可能交錯合縱連橫，並結合企劃行銷和交互關係綿密操作，目標是追求發展和穩定。

台獨等意識形態將在新經濟中逐漸消融

在這種新經濟意識形態下，任何政治意識形態遇到這種追求穩定和利益為導向的經濟形態，都會被溶解掉，其中也可能包括台灣的獨立運動。

因為未來華人社會的發展逐漸開放，社會及國家不可能再回到像過去能穩固封閉式意識的封閉式狀況，隨著社會及華人間愈來愈形開放的人際及經濟互動，許多東西就被利益關係所

溶解。人們會先站在個人利益作考量，只有絕少數人會站在他者利益，但就政治社群來說，自我利益正是其發展核心，因此各種意識形態可能逐漸自行消融。

中國普遍存在不同於全世界的新中產階級

所謂M型社會理論中指出，在那樣的發展下社會有八成人口屬中低收入。我認為日本大前研一是以一種島國的思考和西方性的小國思考來評估所謂的中低收入。所謂小國是以人口來作為相對應的思考方向。吾人應確切知悉中國大陸的經濟思考是以個人為座標，這種標準使得每個人以自己為經濟發展核心。

中國人民並不需要和全國做比較。例如，在成都生活的個人，其貨幣所能換得的生活享受及獲得的悠閒富足，根本毋需和上海外灘的金錢生活去做對比。因為那毫無意義。即使在上海花費了十倍百倍的經濟代價，也不見得能擁有在成都的悠閒和富足感。

在中國，不同的城鎮有不同的經濟標準，人們的生活標準及經濟階級劃分也無法和日本或其他國家相同。在中國，不同的收入在不同的居住地方，生活品質和享受也截然不同，這使得中國存在了不同於全世界的新中產階級。

中國未來三十年不會形成M型社會結構

正因為中國普遍存在著新中產階級，而這些新中產階級的財富是隨著其所在的城市而有不同的標準。因此未來三十年中**國不會形成M型結構**。中國的每一個經濟區，就要有一個新的

經濟思考和景氣理論，而這些經濟區彼此之間又是互相連結，互相流動。最重要也最特別的是，每個城市又都有廣大的農村作為後盾基礎，這也衍生了中國與眾不同的社會經濟發展形態。

如果中國在未來三十年內不會進入M型社會，而全世界主要發達國家都進入M型社會。這意味著什麼呢？即中國和全世界將會形成特殊形態的互動關係。相較之下，中國的中產階級將富極度高的戰鬥力，並使社會或區域經濟更加蓬勃發展。這對中國是極為有利的。

老年化不會成為中國經濟發展絆腳石

當然，中國社會和其他社會一樣會面對大幅度的老年化的狀態，但因**中國的老年人和發達國家的老年人不一樣，他們曾受過工農兵嚴格訓練，他們的戰鬥力、生產力、生命力、生存力、強度、接受挑戰的能力都非常的堅強。**

這些老年人有可能繼續以不同的形態扮演他們的社會角色，而非如其他社會高齡人口一般拖垮整個社會的經濟結構。這些老年人口甚至生產力並不遜於重視休閒的西方中壯年人口。

中國未來的社會問題並不在於確定的老年化的問題，而在於生產的方式及生產的觀念能否隨著改變。這一點中國政府也已經認知到，並以各種文化宣傳管道企圖提升整個社會的觀念，這種種做法已有高度進展，從過去十年就可看出成效。中國已積極地和國際接軌，並以非常廉價的方式，透過網際網路的管道與世界接軌，全面動了起來。

中國人的生存能力穩居世界之冠

中國人民和世界接軌的方式令其他地方及國家的人無法想像。我們沒辦法想像一個月只擁有一千塊人民幣的人，和全世界接軌的方式是在一個非常貧窮簡陋的陋室內，整個空間不到二十平方米，他們配著極簡單的水和麵包、麵條、米飯和極簡單的青菜，頂多再加點雞蛋，但卻能以一個陽春電腦和鍵盤來和全世界溝通，甚至還能揚名世界。這樣高生存力的人在中國所在多矣，他們的生存力和發展力不容忽視，而像這樣的人口數極為龐大，其生存力也穩居全世界之冠。

大前研一還提到M型社會中可能出現的高負擔時代，中國社會在短時間內也沒有如同日本社會可能產生的高負擔時代之問題。對廣大的中國社會來說，未來的負擔將會是在環境資源上面，包括水資源、農業資源、山林資源等。社會環境資源才是中國將面臨的最大考驗問題。

雖然中國社會不會進入高負擔時代，但也不代表中國社會沒有其他問題。中國社會沒有龐大的中低收入問題，卻有為數八千萬的氓流湧向大城市。在繁華的上海淮海路、衡山路等處，都可以見到有組織的氓流存在著。這些氓流沒有戶口，無籍可查，是生是死也沒人知道。他們的生活只是追求眼下的利益和存活而已，最後甚至衍生發展成為丐幫組織，由於當局缺乏社會統計和量化數字，無法精確估算他們的人數及全盤瞭解掌控他們的行為。

處理這些氓流得靠政府力量統一處理，而無法運用大前研一所說的企業戰略來對付。而中國政府同樣也無法採用同一形

式來處理。主要是因為每個城市面對氓流的局面有所不同，每個城市的地理位置也不同，所以必須要有各個城市的城市戰略。

換句話說，中國主要的三百多個城市，都必須要擁有自己的城市戰略，來因應氓流問題。而中下階層的問題相較於其他經濟問題，反而是比較好處理的。中下階層只要隨其繼續發展，廣泛善用他們結構上的對應關係，就可以讓中下階層比率不斷地鬆動，並隨之改變，轉化為另一種意義上的中產階級。

縱觀整個世界的經濟發展，我們知道人類的物質開發已經達到一個虛假膨脹的程度。所以把美國社會、法國、英國、義大利社會或日本社會，拿來和中國做對比是不實際的。甚至拿台灣社會來和中國任何一個城市社會來對比也不切實際。這種對比唯一能證明的只是物質的開發到達什麼樣的程度，如此而已。換句話說，中國的文明是不是需要去建構一個美國式的文明，或是日本式的文明，是值得令人質疑的。

一個強盛的國家是不是要將其所有的都市都建構成紐約、芝加哥或者是LA式的文明，才是好的文明？一個好的生活是不是要充滿汽車高樓大廈，才是好的生活？這的確是值得令人深思的問題。中國的未來發展將僅是追求這種文明嗎？中國人的存在意義其實不見得會完全的拷貝美日經驗。

台灣只會局部的進入M型社會

那麼，日本的長期經濟衰退是不是能作為中國經濟發展的借鏡呢？答案是不可能。因為，不管是日本的延平社會也好，大前研一對日本經濟的瞭解也好，或者是麥肯席對於國際經濟

的瞭解也好，都是不適用於中國社會的絕對代換。因為中國擁有的社會結構具有獨特性，世界上的任何歷史規律或歷史經驗不能套用在中國的發展。

最簡單就是六四天安門事件之後。所有人對六四的政治評論，和六四未來的發展以及歷史局勢和經濟開發的相互關係，所做出的預言幾乎是全面的錯誤，這個錯誤就是根源於他們認為中國大陸的官方必須要對六四有所平反，或者是有所回應及調整。

作為華人社會的一環，台灣社會會不會進入M型社會呢？答案是：局部會，但不會全部符合。**未來三十年台灣勢必面對中國的影響，同時也勢必因為中國而獲利。假若台灣人因為中國而獲利，那它的M型社會就是一個假性的M型社會**，因為它可以透過中國而扮演各種不同新的角色，那麼也會吸收到不同的生活資源。台灣和大陸的流通性和遷移性十分方便。在社會不斷開放的結果，兩岸人民的交流日漸頻繁，許多台灣人願意搬到大陸某個城鎮生活，卻一樣可以照常工作生活，完全不影響其生活品質。

同樣再舉成都的例子，台灣人同樣花費一千塊人民幣的代價一家子就能在成都生活一個月。那麼，一年只要花費一萬二千元人民幣在成都就可過一年，同時還有人幫他煮飯，全部花費只要五萬塊台幣的代價。換句話說，如果他善於利用中國的空間，他們可以一家子只要花兩百萬台幣，就有人提供他住的房子和為他煮飯、給他飲食，只要他不是要求太複雜的都市文明的話。而在那樣的生活區域中一樣可以透過網際網路跟世界交流，一樣可以透過cable TV或是數位電視來跟世界交流。

未來，華人們想要的生活和享受還能跨越農村，生活的享

受、知識的分享和知名度的提升，都完全能透過網際網路、數位電視或者是cable TV來完成。人們在這種狀況下反倒可以選擇一個比較樸素的生活，或者選擇另一種比較簡單而富足的生活。所以，如果台灣人有效的運用這樣的資源，譬如進入到西南、昆明或者是附近的麗江大理區域、新疆區域，或是四川、濟南、青島一帶的區域，或南昌、合肥這些地區，則既可以一定程度的擁有都市必要的、現代化或者是科技的條件，且另一方面也可以享受到廉價的生活，並於需要時在極短的時間接受一定水準的醫療體系支援。而一切基本的生活需要，包括食、衣、住、行醫療方面都獲得需要的滿足。

台灣人民如果沒有孩子的教育問題，就更可以以這種方式過生活，或者籌足一定的資金，以這種方式來過類似歐洲度假的生活；如果他們能夠再運用中長型投資的理財方式的話，那麼，就可以長時間衣食無憂，並逐漸發展出一種新的游牧民族生活方式，在中國二級或者是三級城市的附近或是郊區，或以中國二級或三級城市附近為主軸來經營自己的新生活。

愈來愈多高階享受的游牧民族

有許多在上海或者是杭州、蘇州、南京的外國人士，拿著他的退休金或國家補助金，在這些城市過著中上層次的生活，他們感到富足及愉快，生活愜意而快活。或許有人會問：如果這些城市的物價上揚了，這些人的資金不夠了怎麼辦？很簡單，他們可以往下一個層級的都市進住，一樣可以維持他相對的生活水準。龐大的中國都市生活圈，足夠讓他每五年、每十年就轉進一個都市，並維持著他優雅的生活無庸置疑。這些人

士一樣都可以活在該都市的最核心圈，一樣可以擁有閱讀、視聽環境，擁有優良的醫療環境。

除非有企圖心想創造高度的社會權力，否則這些人士不需進入社會主流結構，參與問政或參與權力的角逐。因此，將有為數不少的人開始成為都市的游牧民族，他們會一直保持著一種中上階層的生活水平，並來自於華人的各個不同角落。

其實，現在這樣的華人已經為數不少，也許已經有數百萬人口，他們經常在中國大陸的各個城市裡穿梭著。其中有一類的台灣企業家雖然在大陸已經倒閉了，已成為所謂的「台商之瘤」，但這些「台商之瘤」的日子未必過得不佳。他們透過長期的地方人脈經營，繼續保持著與台商或陸商的往來，保持著一定的交流，同樣能過著一定品質的生活，並獲得一定的利益，甚至還能有所收入。

反觀台灣社會，像這樣的人可能無法在台灣生存。這就說明了，台灣社會經濟體系不容許這種生活形態方式，但大陸的經濟體系卻容許這種獨特的生活形態發生，且它並非是一種缺陷，反而應該說其提供給許多人繼續維持他原有的尊嚴，或是繼續維持他的生活品質，並且還能創造出新的生活可能性。所以我們將視這樣的一個新的華人社會，是一種新形態獨立於全世界之外的華人社會。

預測四：欲望與財富結構意義將改變

轉換仿冒觀念將創造驚人經濟實益

二十一世紀中國的消費市場是一個值得觀察和關切的經濟奇蹟關鍵點。它有可能出現我們所完全無法想像的經濟奇蹟和製造創新。例如：中國大陸能以低於人民幣一百元的成本，做出市價值超過一千五百美元以上的世界五大名牌包包。當然仿冒並非正當的手段。**但中國大陸能以低於一百塊人民幣，也就是低於十五塊美金的成本做出來，而其手工及成品品質並不差。這正是中國大陸擁有的經濟奇特實力。**

又例如：銷售金額至少五千、一萬美元，或是高達兩、三萬美元的世界十大名錶，在中國同樣也只需一百或一百五十元人民幣就可以精細地製造出。如果從物質的使用角度及效度來說，中國大陸的確擁有強大堅實的製造能力和實力。中國當局擁有了有效而低廉的人工資源，如果能夠將仿冒的能力轉換創造力，中國其實擁有廉價勞工及製造、消費自成一套的消費鏈。

擁有製造＋生產＋消費的強勢消費鏈

換句話說，下一個華人社會建構了一個特殊的物質體系的

鎖鏈，這物質體系的鎖鏈不止是數位經濟，不止是資訊科技，也不止是網際網路，還包括所有的視聽物質享受，食、衣、住、行。現今的中國市場上，充斥著來自全世界知名的樂團及各種版本的CD和DVD，仿冒價每一單片的成本都在五元人民幣以下，銷售金額也只要五元到十元人民幣之間。雖然全世界希望全面禁止仿冒行為，當局也一定程度的執行，但明顯的是這種盜版行為非但沒有減少，反而傾銷回美國大陸和歐洲大陸的部分地區，甚至仿冒名牌包也返回到北美的某些百貨商場裡販售。

　　這裡值得我們思考的不是仿冒的法律問題，而是中國大陸不能忽視的強而有效的製造能力，所有食、衣、住、行、娛樂的物質享受，在中國便可以低廉到如此，這正是大家所關心，而且影響世界經濟甚巨的地方。

　　試想，如果中國可以擁有如此低廉的成本，又可以容易的生產出相似的品質，這樣的製造實力，如果加上有效的仿冒轉換力，**將這些名牌轉換成自創品牌，那麼這樣的生產製造力，的確不容小覷，甚至可能創造一波波的經濟奇蹟。**

　　如果這樣的觀念和做法有了轉換及改變的機會，那麼華人的生活中的每個消費項次，所有的成本都可以大幅下降，全世界有約四分之一的場域，將得以以十分之一不到的北美的消費水準生活著所謂現代化生產體系。這將大大地改變很多消費形態和世界經濟市場，並震動全球的物質體系及全球的生活方式。

中國的中、西部大城將崛起

還有一個大家關心的問題是：中國中西部是不是會繼續保持現有的低迷狀態？而東南沿海仍舊會保持蓬勃發展？答案是否定的。中西部的中國勢必崛起大城市及新的經濟重鎮。

以中國大陸目前的發展來說，各城市不但各自經濟成長並且互相橫向發展。各城市的進步是看得見的。好比溫州商人正往西發展；在重慶的沙坪壩已經可以喝到一杯頂極的卡布其諾只要十元人民幣；而在四川另一個重要十大旅遊都市之一——成都，則擁有龐大的旅遊資源，就重慶和成都來說，將會是未來中國經濟發展的另一波重點。

未來中國經濟發展將是全面性的。中國不會放任中西部一直停滯發展而落後於東南沿海。湛江、寧波等都市不會永遠超越重慶和成都，但是重慶和成都的發展要超越青島、大連、北京、天京、上海、南京、杭州、廣州、深圳等城市，的確也要花費一段不短的時間。

除了西部大城以外，中部大城長沙、武漢、西安甚至是昆明是不是也有機會發展？九省通衢的武漢以及積極想要現代化的長沙，都是重要的要塞，同時也是許多人口或者中部重要轉運的城市，無論是文化特色或經濟條件確實都具有發展的潛力。我認為，未來中國勢必崛起的中西部城市至少有五個以上，而且這些城市在近三十年內就可以明顯看到相貌上有重大的改變。

不需追尋過大的財富累積

　　許多歷史的偶然或必然的討論，其實經常是一個假問題，歷史總是各個欲望的展現和一個靈魂自我實現的交互競賽關係。人由於存在於這個大地上，總是追求一種基本安適的存在，而且由於家庭制度的存在，財富的累積便成了為保護家庭和家族勢力的必要過程，進而人們操作了各種鞏固財富的手段。所以在此時期財富的累積就會遠遠大於城邦時代之前的農業社會，當然也就大於游獵社會和採集的社會。不過如果是已經和城邦社會共存的游牧社會時代，例如蒙古帝國、女真（金）、蒙古族（明）等，由於他們已經跟城邦時代的民族或社會做過對比，所以他一樣會產生對比性的欲望結構。但若是在世界性的游牧環境和世界性的採集環境，則不會追尋過大的財富累積。

　　人類之所以會開始追尋巨大的財富累積是城邦社會所引起的，因為城邦社會家族體系已經絕對地完成了，且城邦社會國家體系亦已經完成，就有了家族和城邦的對比關係。有了對比關係就有一個存在的長久性問題。各個家族、各個城邦莫不冀望著自己的家族或城邦可以天長地久。但由歷史觀察可知並沒有任何一個國家可以天長地久，各家族、城邦都有退位的時候，都有土崩瓦解的時候，或者都有失勢的時候，失去權力的時候。所謂追求足夠的財富總是一個相對的意義，它的意義會寄託在希望自己能夠可長可久的安適上，它未必已做一個合理的計算和安排，所謂合理的計算就是說，意義實踐的足夠性在人間的表現上要達到什麼樣的程度即可。這裡面可以透過計量

的方式來反推物質的需求。但是，人類似乎長期以來缺乏這樣反思計算的智慧，總都會設法去擁有一個更巨大性、更壟斷性財富的局面，**在一個社會或城邦或國家裡，一旦它擁有過分巨大和過分壟斷性的時候，就會受到反作用力的襲擊，而受到反作用力之襲擊正是使得它無法長存的原因。而這正是二十一世紀華人社會將面對的問題。**

我們看到最長久而且最享受最完整的（以宗教語言來說的）「福報」的家族，即是孔子的家族。一直到今天，孔子家族相對的仍是受到相當好的對待，在這二千多年裡只有極少的時段受到冷落。如果是以聚斂財富、擁有權利和滿足欲望為主的累積，所謂足夠財富的享有就會過於巨大，也就會招致各種的忌妒、挑戰或不應當經歷的苦難，終而導致家族或企業的累積走向土崩瓦解層次。所以漸漸的，企業瞭解國際生態後，就發現企業必須要回饋社會，必須要和社會產生良好的互動。就此而言，兩岸的財團皆必須注意。

儉樸哲學——財富回饋社會

所以，人們可看到首富、第二首富甚至是華人首富，紛紛把他們大部分的錢，捐出來回饋給社會，贊助弱勢單位。於是大家會開始反思，自己真正會用到的錢是多少？如果用儉樸哲學的角度來說，可以再問一個問題是：自己真的會在一生用到多少物質？這當然可以分具體的項目：需要吃多少的東西？要穿多少的衣服？需要用多少的水？人們至少很少在水量充足的地方，很少聽到一個概念「能不能把水龍頭開小一點？」世人經常是把水龍頭直接開到很大，泡澡這件事就先不說了，就單

純的一個洗手，即經常浪費太多的水。這正是人們缺乏對物質層面的反省，當然也就缺乏對財富的反省，因為財富之所以重要是因為它能夠兌換物質，兌換生存的各種條件。

人們所以交互比較的基礎經常是在所處的城市之中，在都市裡面做比較基礎。若不相同的城市裡面，則缺乏這種比較性，一旦進入城市的比較基礎裡面，物質需求就有非常多被哄抬的現象；不正當的價值即會在其中發展。比如北京，在三環以內的房價，高到可能沒有任何教授的年薪是買得起的，這當然是一個很不正常的社會；台灣台北的信義計畫區也是同樣的。假如沒有家庭的提供，一位大學教授想要在台北市裡面買一間新的房子可能都會有困難；此處指的是一間三、四十坪的房子，並且有一個像樣的書房，可能都很困難。

如果在上述的都會區裡面去追求，會有非常多的財富是用來應付不正常的價值哄抬的現象。以台灣而言，五百萬的財富累積對於任何中產階級來講都不算是太簡單，但是一年兩百萬在台北的使用與一年兩百萬在嘉義的使用，是完全不一樣的結果。為什麼有這麼多人的財富要聚集在所謂的大型都市裡去做高度的競爭呢？因為那裡面財富的意義化更讓那些追求財富的人感覺到有充足的高亢感！因為錦衣者不屑於夜行。但是，能錦衣夜行的人，卻也不屑於布衣；換句話說，白天錦衣，晚上也不願屈就於布衣。錦衣者在任何一個地方都要在眾目睽睽之下錦衣，錦衣於市才能夠滿足這類人士的需求。所以，財富需求很大的部分乃是在玩物喪志和錦衣玉食這兩個簡單的成語裡的心態。人們常有遠大的目標來要滿足上述欲望，並且希望感覺到別人的不充足。

如果回到簡樸哲學。真正安全的財富累積是什麼？真正

安全的財富累積當然有各種財富公式的計算基準；可是，如果人們只是回到一個安適的生活，就可以退居在一個國家容許範圍內最簡單的、基本的、安適的生活，即是：有完備的醫療設施，有基本充足的市場機制，並盡可能應該退開大型的國際化城市，應該退出工業化城市，應該退出科技園區而生活，也才是一個比較適存的空間。這樣的安全財富累積便應該不會是一個太高的需求，**如果人們不活在前三十名的高度開發國家，需求就不會過高，甚至也可以採取移民的手段，到物價比較低的地方來度過自己所經營的生活**。人們要反省的是，一開始產生人類財富累積的行為是什麼情況？也就是說，當人類開始知道有所謂的財富，開始以物易物，開始知道要累積一些食物、器物之際，那是一個什麼樣的局面？這其中乃是以能夠把每個年、或每個季節過好為單位思考的。但是人們現在所思考的是怎樣把這輩子過好，甚至是下一代也要過好，甚至是孫子也要過好，甚至如果從朝代角度來看的話，乃希望是千秋萬世都能夠過好。華人社會一直存在著此種欲望。

欲望極大化的濫觴

欲望的極大化在中國可以見到已在商朝開始，即歷史的軸心時代，毋寧可說是一個欲望極大化到來的時代，也就是在公元二千五百年到三千年前之間，最早可考慮在距今三千多年，**在這個時期欲望的極大化時代即已到來**。這樣的欲望的極大化，在接下來的三千多年裡的發展邏輯又是什麼呢？也就是從貴族社會走向公民社會的過程裡，**欲望的擴大走向每一個人身上，每一個人都有機會追尋類似於三千多年以來的世家大族或**

者是帝王一樣的欲望極大化之世界。一個最簡單的問題是：什麼樣子是充足的財富？就是：想買什麼就買什麼！想吃什麼就吃什麼！這樣的定義的確是非常可怕的，因為資本主義的生產世界乃是無法用任何金錢可以購買完畢的，資本主義的世界也是無法用任何方式可以完全滿足欲望的，但是**人類總有一種錯覺，希望在消費的世界裡面為所欲為、肆無忌憚。這種為所欲為、肆無忌憚放在財富累積的架構中，其實就是希望欲望可以無限制的擴張，這就類似像帝王或是豪族般的享受追求。**此處要問，若人們總是希望自己坐著勞斯萊斯或凱迪拉克，前面有司機，下車有人幫自己開門，進到飯店裡面有人幫忙拉椅子，去吃一頓盛宴，有人幫自己掛衣服，有人幫自己倒酒，這些經典的財富和欲望追尋的所謂主流價值觀。但是這是一種什麼樣的道德？

這是一個奴役他人的道德。這些人的存在價值似乎都在這一連串的行為裡面被重重的踩在腳下，被奴役化了！但是在媒體的主流論述中，都在推進世人去追尋這樣的生活。舉一個最經典的廣告案例來說：某個人壽公司的廣告中，有三個孩子在車上陳述媽媽要他們學習什麼，一個孩子說媽媽要他學英文，對照其將來長大是在門口當接待員說：「May I help you？」的角色；另外一個孩子要學鋼琴，對照將來長大是在西餐廳裡伴奏彈鋼琴，還要推著一個巨大杯子提醒客人投錢給賞；第三個角色是他媽媽幫他買某份壽險，結果他長大後坐在車子裡面有人幫他開門，想著三、四十年前同學們在一起訴說學習專長的記憶。這是經典的代表廣告，也是奴役他者主流價值的邏輯，快樂是建築在把別人當做僕人，這樣的財富意義邏輯事實上是不道德的，以踐踏他人為基礎的。所以，殘酷的世界就會到來，

各種笑貧不笑娼的意義也就會到來，各種把世界推向末日的邏輯就會到來，因為不斷地加碼、不斷地汙穢化，並使用不當的奪取財富方式。華人社會正面對如此的發展邏輯。

人類最初財富累積的意義

似乎只要擁有財富就可以擁有一切，這樣的邏輯只要不斷地繼續下去，世界就會有巨大汙染，就會繼續破壞居住的環境，這當然就違反人類最原初財富累積的意義——只是為了讓人們安居樂業、好好地活下去。

在歷史裡面，人類不只有單純的善良或單純的邪惡這麼簡單的二元劃分，更不是只有單純善的行為即可解構歷史。所以，歷史變得非常複雜。實際上，歷史在實踐意義的邏輯和實踐欲望的邏輯中，會演變成各種錯綜複雜的關係，讓人很難從善、惡或各種正義、道德的角度去加以研判，加上人類複雜的觀念、價值觀等，做了非常多錯誤的終極設定。例如說：真、善、美即為錯誤的終極設定。這也就使得人很容易進入一種正義道德的追尋，這種追尋關係也就會迷失在二元對立的善惡判斷世界裡面，實際上這完全是一種歷史哲學的假象，它的確是單純為滿足個人的欲望意義邏輯而設計的；那麼，財富的追尋當然也就是屬於意義和欲望邏輯中的關鍵環節，這個關鍵環節最具代表性者乃是以「大盜竊國」為最高的表率。**「大盜竊國」到了二十世紀、二十一世紀這種資本主義世界裡面，甚至可以說是全球化了**，範圍擴張、超越國家，甚至一個個案可以牽連席捲全球的經濟，甚至要超越太陽系，遠征整個銀河系。這樣一個強烈的欲望在蔓延和擴張，特別是在所謂的開發國家

之中。

人們不禁要問：到底財富和欲望之間，什麼時候才能找到一個平衡點而得到滿足？事實上，如果沒有環境和疆域的界線，滿足是永遠達不到的！甚至有疆域的界線也很難阻止人類欲望的發展，它只能加以限制，而無法完全斷絕。例如：大海可以限制一個國家的權力發展，就如豐臣秀吉無法跨越大海攻打中國，但仍想盡辦法攻擊較鄰近的韓國；又例如毛澤東想要跨過台灣海峽吞併台灣；又例如美國等所謂的先進國家想要遠征土星，甚至是進行星際移民，這些都是受到疆界的限制而有所困難，但是許多人還是勇於挑戰，絕不會因此而消滅欲望，絕不會產生絕望或者是失望。而財務的擴張也有相同的情形，會因為疆域的侷限出現而限制了財富的追求。

然而當全球化以後，人們開始發現很多財富的累積高度不平衡，甚至使得財富的累積已經失去了意義，乃至也發現過度的財富累積，對於後代的教養和教育是有不良示範的。

開始反省人存在的基本需求

財富意義重新思考的結局，使得華人必須開始反省人存在的基本需求是哪些？反省影響人的身體相關發展是哪些？所謂身體的需求，從食衣住行育樂以及社會交往的關係來作思考，人們一年或者是一輩子需要吃多少東西？在自己的國家裡面，需要住什麼樣的房子、多大的空間？人們處於無止盡加價的大都會城市或是物價還算親切的次級城市中，其各需要多少的醫療設備才稱得上完善？需要什麼樣的代步工具呢？需要什麼樣的衣服？身上需要配戴什麼樣的飾物？需要什麼樣的工具等。

人們需要什麼樣的工具是充足的？例如：一個文字工作者需要什麼樣的電腦配備才充足？在筆者看來，在進入二十一世紀初以後，電腦發展就已經足夠大多數的求知者及資料收存者，再繼續研發的功能，對於一個文字工作者可能都已是多餘的，例如：容量80GB的隨身硬碟是台幣三千多元（二〇〇六年），對於一個純文字工作者而言，已經永遠都裝不完了，但是更大的硬碟容量，還繼續在研發。

過於精良與巨大的電腦發展對於誰有意義呢？對虛擬實境的，線上遊戲者及追尋更高的影音的需求者是有意義的。所以在影音的世界、虛擬的世界又造成另外一種欲望的極大擴張。換句話說，它一樣會造成另外一種掠奪的行為或犯罪的行為。也就是說，**在虛擬世界會有另外一種虛擬的身體和虛擬的欲望擴張存在**。人們都知道，沒有人可以把網路上的所有網站或部落格閱讀完，單是想要把華語所有的網站閱讀完畢，就現今來說已經是不可能的。於是人們又開始發現，**身體、生命的侷限，就是欲望的侷限**。所以在此要開始發展另一條道路，開始思考「什麼是欲望需求的極限？」欲望表面上可以無限的擴張，可是實際上它並不可能完全無限，它會受限於身體、生命。從這樣的角度再倒退回財富，人的需求其實就不再是那麼的龐大了。在任何一個社會、任何的都市生活中逆推回來，所謂一個安全的財富數字是多少？這個數字一旦超過以後，財富的意義就會遞減，因為它完全不能服務於身體和欲望，而只有數字上存在的意義。這和我們需要一個什麼樣的下一個華人社會是有密切相關的！

有誰可以受得了每天不斷地吃鮑魚、吃魚翅；凡是這樣的消費都會造成身體的負荷。如此一來，欲望就反制了身體的存

在，身體健康一旦亮起紅燈以後，就無法盡情的享受生活，財富的消費只能花費在病塌上。

　　財富的追逐和身體的欲望之間有一種微妙關係，欲望表面上會不斷地擴充，但是身體卻有極限，身體沒有辦法負荷無限的消費。不管是性欲望、食欲、享樂欲望等，完全都是受制於健康，健康會告訴你那些錢花了以後對人有害，人會因為它的有害而劃出其財富消費的界限。當財富消費的界限一旦出現，就會開始反思錢越多越好的想法。

　　本以為名列百大財富集團是一件好事，卻發現它成為盜匪鎖定的目標對象，危害到自己人身的安全？所以成為富翁，卻變成是一件不好的事情！於是人會自動的反制它。這種多重的反制使得人開始發現，**財富並不需要無限的追求，財富重要的意義是能夠達成自己生命意義的鍛鍊和追尋**，而且這個鍛鍊和追尋不應該是以擴張欲望為基礎，而是應該有一個正向的價值觀和需要為基礎。

　　所以，又將意義反轉回把錢投注在追尋正向的價值觀和需要，也就是說「眾裡尋他千百度」，當闌珊燈火處出現時，就是返回到一個黃金格律基本價值的世界，但是這次的返回是拆穿歷史的假象，拆穿過去的歷史哲學，拆穿過去的歷史循環領域，拆穿真善美幸福快樂的謊言的世界，而**重新面對人的本真的存在。**下一個華人社會即應透過教化早日進入此境。

累積財富的意義依附在城市文化而變動

　　人們發現累積財富的意義是變動的，是依附在什麼樣的生活都市來下定義，於是在此大概可以依城市分出幾個級別出

來，一級城市如：紐約、巴黎、東京、台北、上海等；次一級的城市則如：西雅圖、大阪、重慶、桃園、台中等；而斯洛伐克、烏克蘭、剛果、賴比瑞亞等可能是另一個等級，依照經境發展與開發的程度可以區分出很多消費級別，這是經濟學家所可以量化做到的。終究不管生活在那一個區域，雖然有一個相對數字的財富需求，每個人都可以找出極大化的圍牆。再舉一個例子，假設在二十一世紀的台北，生活安適的條件是新台幣十億，超過十億以後，金錢意義就遞減了。但是若是在嘉義的生活滿足總額數字可能只有一億！超過一億以後也就遞減了其意義。所以光是台灣一個島就有相當大的差異。

所以，人民還是要回頭去尋找價值的捍衛和修養的中心，這是必然的。當這個數字可以推理得出以後，人透過自己的工作、努力，接下來就會發現，人最缺乏的還是價值和修養中心。於是人會開始瞭解、思考，自己是否花了太多的金錢，去從事保障和欲望極大化的準備，於是花掉太多生命力氣，這種投入很可能是不值得的。

這種反省通常會在中晚年的時候出現，只有極少數的人可以在年輕的時候，看破欲望追求這件事情，更難於在自己並沒有充足財富的情形下，就可直接看破，這要先去穩定的追尋終極價值修養，一邊以基本維持生活的財富和欲望的方式度過，才能釐清自我的價值意識。這可以給予一個末世存在的世人意義邏輯的建議，也是在進入下一個華人社會之際的必要準備。

｜預測五：中國的勝敗關鍵在水資源

將面臨排山倒海而來的環境資源問題

　　下一個華人社會雖然不會面對越來越窮困的問題，但環境資源越來越稀少化的問題卻也令華人政府相當頭痛。**中國的問題不在於貨幣，不在於經濟發展，而在於得犧牲多少人的生活品質及犧牲多少自然資源。**

　　在中國大陸的揚州，人們寧可犧牲環境的品質，卻只希望自己生活過得更好。但是，環境的承受力是有極限的，在不斷地忽略及犧牲下，太湖的藍藻產生了，大家警覺到太湖的水嚴重受到汙染。而汙染到達極限對於各個城市各個中國的活動區塊及經濟發展就受到嚴重威脅和限制，並致使當地某一種經濟發展被迫轉換形態。當然這種資源困境也不只是在大陸，台灣也有這樣的問題，甚至世界其他地方也有同樣的問題。

　　但是**中國有較其他地方更迫切更快速地面對越來越嚴重的環境資源窮困的窘境。首當其衝的是沙塵暴的問題、空氣問題，以及水資源問題**。水土保持問題和河川汙染問題，致使全國有三分之一的人口無法喝到乾淨的水。這個現實迫使中國人必須要思考，沒有水喝就活不下去，而沒有乾淨的水還會危及健康。現今的中國即使買礦泉水仍必須要認廠牌才能喝到令人安心的礦泉水，這種情況對於所謂的先進國家是難以想像的。

更何況一個穩定成為世界第二大經濟體的所在地，竟然還有健康飲水問題，的確是相當令人擔憂及不可置信。

　　水的相關問題當然牽扯到河流河川的問題，也來自水土保育的問題和山林的問題。這一系列的問題必須投入很大的公共資源和經濟資源，所以中國要以多大的代價來換取什麼樣的形態，才能接近西方的城市文明，是中國主要需要思考的問題。

　　而這樣的問題中國人到底能忍耐多久？人沒有水是沒有辦法生存下去的，人可以忍受這樣的環境到什麼限度，這些也都是西方社會無法預測的。但不可否認的是，水的問題攸關中國經濟發展，而**對於水的忍受限度更是影響中國經濟發展的關鍵**。這些關鍵的變數值得密切觀察，而此關鍵變數亦將透過主客觀環境轉換而於三十年內一一呈現。

　　而沙塵暴問題也是中國大陸必須正視的問題之一。根據調查，中國西北地區最近四十年來的超強沙塵暴有四十八次之多，造成人員傷亡有十一次，造成人民生命財產及農業的重大損失。

　　沙塵暴威力頗大，其顆粒較大的粒子會影響發源地或鄰近地區；顆粒較小的粒子可以向上傳送至高空，相當於一千公尺至三千公尺，再藉由西風帶的氣流向東傳送。中國西北方的沙漠可東移到日本、韓國及一萬公里外的夏威夷，往南可影響到台灣、香港，甚至達菲律賓，影響範圍相當遼闊。近年來由於中國西北地區沙漠化情形日益嚴重，造成沙塵暴發生頻率升高及規模加大，這也是中國當局積極面對和極待處理的問題。

能源問題推動大型公共工程建設

　　世界能源不足問題持續發燒，未來的飛機、汽車所使用的油量只會不斷地提升，活動的空間也會受到大量的變化，因此未來三十年內所使用的能源成本，將同樣產生巨幅的改變。目前中國的車輛快速的直線增加中，實際上車輛的增加不但會造成能源耗費問題，也滋生許多環境問題，未來人們會開始思考車輛是不是需要無止盡的增加下去，而這也將影響未來經濟的發展。

　　如果能源成本不斷地提高，而新的能源沒有辦法即時取代，那麼人的活動就必須更加依賴大眾運輸工具，屆時大眾運輸工具將無法維持現行的廉價，將隨著成本的提高而提高費用。所以以都會為重心，以住宅區為重心，以都會郊區為吞吐，或都會周遭的農村為吞吐核心的生活形態就會出現。這種生活形態則必須出現新的公共工程網絡以為因應。

　　像這樣的交通公共工程網絡是未來華人社區的重要生活工具，而顯然地北京跟上海已經開始發展這樣的交通生活雛型，中國目前建構大北京計畫、大上海計畫，未來無可避免的還會繼續大重慶計畫、大廣州計畫、大武漢計畫等，這樣的計畫配合公共工程的出現，大大的改變了未來中國的經濟生活。

　　在重大公共工程不斷地被建設後，汽車等傳統產業會受到嚴重衝擊？隨著經濟形態的轉變，傳統產業雖然會進入時代的尾聲，但下一個三十年的華人社會將會有效的將傳統產業終結並予以轉化。換句話說，傳統的工業及產業將無法再以原有的競爭及優勢生存，不是有效的轉型，就是轉進第三世界另謀發展。

預測六：偶像與意識形態 將被再度重新塑造

領袖、英雄與美女的擁有及追尋

　　為什麼華人總是需要有個領袖？為什麼總是需要英雄？為什麼總是需要美女？為什麼總是需要勝利和擁有？這五項東西的欲望總是存在。在此優先的把它們找出來，這似乎是在欲望的世界裡，而且與趨勢學相關，**在歷史上或任何一個文明中永遠都需要的意義追尋，因為它是人心的共同！**

　　可以問幾個問題：為什麼人可以為這五項而死或生？為什麼會為領袖而死？為領袖而生存？為什麼可以為了追求成為一個英雄而存在？或為了成為一個英雄而死亡？同樣的問題，為什麼可以為了一個美女而死亡或存活？或為了成為一個美女而死亡或存活？同樣的問題還可以再問：為什麼可以為了追求勝利而存在？或為了追求勝利乃至不惜一切而死亡？在人類的歷史上總會出現這樣令人難以想像的事，當大多數的人進到這樣的結構世界裡時，似乎完全進入同一種邏輯。這裡有一種什麼樣的意義邏輯，悄悄的在支配著人們？它是一個文化的問題嗎？還是一個人類共同基因傾向的問題？此處當然可以去檢查，有沒有哪一個華人世代，哪一個文明，可以超乎這五者之外？能夠在「領袖、英雄、美女、勝利、擁有」這五種欲望之外而存在，有能不被這五種欲望的追尋所擺佈者嗎？如果沒

有，則這顯然是人類的共同基因的問題，華人共同會去追尋這五項的意義邏輯，會被這五項的內容所擺佈而為其生，為其死。順著這五項的具體內容去發覺它什麼原因可以支配人，支配整個民族？

「為領袖而生或死」的邏輯信念

第一個問題：為什麼華人們會心甘情願的為領袖而生存？為其指導原則而活或是為一個領袖而死？一個領袖所樹立的價值觀或所倡導的原則或建立的信念，為什麼有人可以肝腦塗地為了鞏固領導中心而存活？人們為什麼要追求跟領袖的同一化而生存？這樣的戲碼在人類有歷史記載的各個文明史內，不斷地上演。問題在於許多領袖所講的內容是不一樣的，又正好是對立時，雙方的對立就會產生。有一個共同的邏輯是：一切都在效忠其領袖，都在為領袖而生，而為領袖死。舉一個例子：為了匡復漢室，諸葛亮為了漢室而生，為了漢室而死；關公亦然。周瑜為了東吳亦同。為什麼不能夠走向其他的意義的邏輯呢？以周瑜的才華，不能夠過別的生活嗎？為什麼一定要進到那樣的世界裡面去過生活？為什麼要飛蛾撲火般的要去追尋同一化的發展。最後被這個意義邏輯困死在其中呢？華人不管在哪一個世代或哪一個社會裡面，似乎都不斷地在上演著「為領袖而生或死」的邏輯。難道人們不能擺脫為領袖而生存的存在嗎？

人類有一個需要自我被奴役化的潛藏性格，這是自虐傾向的延伸，奴役化傾向的延伸，以他人的標準而存在是依賴性的延伸，這不需要主動的自我思考，這個延伸就如同玩物喪志，

變成內化為自己存在的標準。所以人會為自己存在的標準極致化的去表現。譬如說，以現在二十一世紀回頭去看：為蔣介石辯護，為塑造蔣介石偉大的形象而生，而死。為什麼生活在那其中的人會這樣呢？為領袖辯護，為其護衛而生存，這不都是牢牢的鎖在領袖的意義價值裡面嗎？這是被什麼樣的內在意義邏輯支配著的呢？

　　似乎在這些領袖的意義邏輯裡面，它如同是一種嚴重的病毒，只要遇到領袖邏輯，其他的價值是非就會失效。如同：精英政權的最高道德是柏拉圖式的，本土政權的最高道德是普羅式的，這兩個東西內在是一樣的；追尋著某一種階級意義的最高道德是一種擁有，代表這種階級意義的領袖是在這個擁有裡面之最深的意義邏輯。人為什麼要追尋這樣的東西？因為其可領導我們！人們就把人的存在簡單的歸納成領袖的意義邏輯，人會自我簡單化，把自己的存在，簡化成領袖追隨的意義邏輯或承擔，有人為他生，有人為他死；或有人反對所信賴的領袖的意義邏輯，則將會要其付出巨大的代價。

　　而領袖則不只是政治上的領袖，也包括一切社群的領袖，包括宗教的、社團的、經濟的、輿論的領袖等。如同人們問，為什麼會有部落長還是享有女子的初夜權，在女子出嫁的前一天晚上，還是要先請部落長使用。這是領袖的意義，對當事人來說這是一種榮耀，或信仰中的保佑，如同是賜福於該女。回顧歷史，所有有記載的歷史，為領袖而生、為領袖而死的荒唐事件有多少？最容易提出來的就是為劉邦拚命拚活的意義到底在哪裡？為朱元璋拚命拚活的意義在哪裡？為什麼這麼多人為了一個人的價值或決定而存在或死亡，人類這種集體活動的邏輯，到底是怎麼回事？這是在於人類並沒有真的徹底的受到啟

蒙，一直活在專制的、依賴的、服從的、以他人的存在價值為
價值的另一種玩物喪志的、自我奴隸化的、自我被奴隸化的一
種世界裡。人類潛藏這樣的性格並沒有全部被啟蒙。此外，**人
喜歡追隨他者，而有領袖必有追隨，有追隨則就會依他人存在
而存在，極致表現就是為他的存在而生，為他的存在而死，
這跟崇拜偶像是有一致化邏輯的，因為偶像一樣可以轉化為
領袖。**

顛覆領袖意義邏輯須從內在結構中去移除

　　在此可以在領袖所執行的項目裡區分成各種類別：它可以
行使的意義邏輯是一致。換句話說，要顛覆領袖意義邏輯必須
從內在的意識裡面根本的去移除被奴役化的、依賴的、順從的
價值觀，轉成是一種欣賞，一種智慧的互動的價值考量，不依
於他人的價值存在而存在的考量，澈底知道一致化的荒謬性的
考量。

　　把老師當做一種領袖也是一樣，老師高興自己就高興，老
師不高興自己就不高興，有許多孩子會這樣。但孩子有依賴性
是正常的；孩子在小的時候是這樣，父母親高興，他就高興，
當長大後應該會掙脫他人加附在身上的價值；這時，父母親的
高興與自己的高興開始脫鉤。舉個簡單的例子，某政治人物退
出政壇，有人難過得哭泣，像失去很大的東西，因為他的引退
而有情緒上的波動，被他的存在所影響，因此乃不是一個獨立
的存在，是一個追隨者的關係。

　　人為什麼會被領袖決定他的存在意義？又為什麼會為領
袖而死？內在問題在哪裡？如果這個問題沒有解決，則永遠可

以操縱民粹主義，不管信仰哪一黨都一樣，或左或右都是一樣的，為什麼人會依於他的存在而存在？而不是獨立的明辨是非呢？比如，畢生要為獨立建國而奉獻的價值，為什麼要被某一個價值而澈底決定呢？問題在哪裡？選左和選右，表面上兩端是極度對立的，但其實是同一種人。信仰項羽和信仰劉邦是一樣的，兩邊打得你死我活，兩邊是同一種人！在此看來，其實是自己在殺自己！他們不是對立的兩造，是人類的欲望在自我屠殺罷了。

大詩人王維被自己的環境結構決定，他覺得男兒有志者當報效國家，在殺場上有所建樹，可是皇室不給他機會，把他派去做相當於現今藝術總監的職務），所以王維覺得很無趣。等到安史之亂時，他沒有逃出兩京，被逮捕了，被迫寫登基大典的音樂並且指揮，他也只好寫了並當指揮。哪知郭子儀結集了很多宗教人士的善款，募了很多的軍隊收復兩京，唐代李氏家族返京之後就要收拾王維，將他打入死牢。

死牢中的王維非常的懊惱，覺得自己當時在被攻陷兩京時就應該自殺，在死牢時又想應不應該自盡？在這過程中不斷地徘徊，在價值體系裡面不斷此生與彼死。正好他弟弟立了大功，收復兩京有功，把功名跟他哥哥對保，王維就被放出來且永不錄用，於是他到了輞川去開拓新生活。到輞川去後，他就澈底的超越唐代社會結構的邏輯，建立一個另外的文人的世界，不討論朝中的事情，使人間的存在有更大的天空。舉這樣的例子，告訴世人不需要去追尋領袖的意義邏輯而存在。

反對領袖化宗教，瓦解領袖的絕對化意義邏輯

佛教發展到禪宗也作了同樣說明，最後告訴人都不要誦佛號，也不要做任何的法會。這是反對領袖化的宗教，這是華人瓦解領袖的意義邏輯，在思想史上的里程碑。

如果為了自己的信念而存在，信念則不同於領袖，信念是自己所產生的。人們為信念共同的人做事並不必然封其為領袖，只要違反這個信念，就可轉身而去。奉領袖的意思是按照領袖的意志來決定，要不斷地為領袖辯護。東方的政治形態到今天是沒有變的，只要吃了儒家君君、臣臣、父父、子子的毒藥，要好很難，而且很難掃毒，一吃此毒乃馬上會自我箝制，會想怎麼能夠違反這個黃金格律呢？這個毒素，即使是全世界民主自由的好的良方到了東方的儒家文化圈裡就會出問題；因為有領袖信仰，就有自我奴役化的現象。要把領袖和聖人及真命天子結合在一起，乃有一隻看不見的手在支配著。只要在任何談話場合，都會有一個隱含的階級體制在支配著。這種隱含的階級體制非常可怕，在一個團體裡面總會有人認為自己比較卑微或誰是比較突出。一個班級裡、一桌飯局裡、一個場合裡，總會有人自動去扮演卑微的角色，有人扮演相對領導的角色，總會有眾星拱月。這種力量十分可怕；如傳統中國有君君、臣臣、父父、子子的倫理關係，總是自動產生階級等級制。

在華人的儒家文化圈裡面，婆婆見到媳婦，聲音就可以比較大，比較趾高氣昂，也是一種等級制。這不是一件好事，亦是按照領袖邏輯在操作。這時領袖還有另外一個意義，可稱為「抽象的領袖」，儒家的聖人是另一種抽象的領袖，儒家的真

命天子也是一種抽象的領袖，天命也是一種抽象的領袖。但誰規定天命可以支配人們？何以天命說什麼就算什麼，誰又是天命的代言人？於是會有洪秀全。儒家是把天命幫派化，中了這毒，非常難掃毒。第一個奴役的就是全天下一半的女人，中國女人的腳有多久被儒家控制住；還閹割男人的睪丸！控制部分男人又控制全部女人，非常厲害。為什麼為了所謂的天子就可以犧牲一切呢？在明朝，某少數家庭中甚至女人連到家裡的後花園走動都是不被許可的，為什麼演變成這樣的文化呢？這是服從領袖的極致！

　　在日常生活裡，乃會發現自己隱含的被他者的意志、喜或怒決定。一回家，聽到老婆或先生關門的聲音大一點，就以為自己犯了天條，自己講話就要小聲一點；打電話講短一點，你的存在被他的一舉一動決定了！公公婆婆在，馬上看公公婆婆的臉色，要從臉色去判斷？我們的存在為什麼要依於別人的臉色和別人的一舉一動呢？如果人們的存在沒有任何非法性，沒有違反任何六法全書所公布的法令，也沒有違反善良風俗，為什麼要依於別人的臉色而存在？為什麼要依於別人的價值而存在？為什麼要依於別人的好壞、高低而存在？在日常生活中，到處存在著這樣的事況。

盼成為英雄以改造自我的階級和社會地位

　　而華人們又以何以總想要成為英雄？或以英雄而存在？很簡單，**當不能成為領袖時，追隨著英雄是一個非常簡便圖利他人的方法**！被他人所崇拜就是英雄，英雄代表結晶，英雄代表晉身階級最快速的手段。想要成為英雄如同於想要改造自我的階

級和自我的社會地位，於是人乃透過各種計算手段去成為人們心中的英雄。英雄可以分成很多種角色：譬如說，英雄救美、球賽英雄、社會除弊英雄，但是英雄的角色也會死亡，因為一個英雄所代表的價值有他的效度，被此效度超過所限就會瓦解；一個英雄所代表的價值也會被遺忘。

當然英雄可以不斷地再創造自己的英雄事蹟，所以可看到很多的政治人物把自己塑造成英雄，說要不斷地創造歷史事件來使得自己的英雄地位不斷地被鞏固，毛澤東就是代表。**當一個社會以崇拜英雄作為價值的時候，而又不夠多元之時，這個社會就會有極恐怖的危險事件中心，政治人物就會為了創造自己的英雄地位而不斷地製造事端，造成社會運動，造成社會動亂，以滿足他的政治企圖。**

創造領袖，代表創造價值

至於台灣的談話性節目乃也在創造一個遊戲規則，創造一群領袖。那是創造一個領袖，代表一種價值觀，或者代表好幾種價值觀，這些價值觀有些共同性，一起在同一個舞台上，每天在呈現。三百六十五天全年無休，隨時創造它的意識形態。這跟莒光日是一樣的；跟紅軍一樣，跟綠軍的地下電台也一樣。他們在玩同一種意義的邏輯，同一種實現他們內在的欲望罷了。

談話者主張的正義原則總都在包裝自己的欲望，而不考慮對方的正義原則，總在考慮自己的正義原則，為自己的欲望做各種的設計，各造都是一樣。有誰能夠真正考慮所有異於自己的他者利益，再考慮自己的利益的，這樣的人很少；誰會先考

慮滿足他人的欲望後再來滿足我方的欲望？下一個華人社會仍會困在這種欲望世界中。

為人父母者考不考慮別人的小孩呢？爸爸有外遇時，母親考慮的是自家人，她怎麼不考慮那個被外遇的女人的意義呢？反之亦然，女方外外遇時，男方考慮的也是自己的利益啊，才有各種情殺出現！總是先考慮我方的利益，我方的欲望，我方的價值，怎麼不考慮到他方呢？只要有群眾熱烈追尋領袖、熱烈追尋英雄，就會有人樂於自己去成為英雄。由於樂於成為英雄，就會有人為英雄而生，為英雄而死，會有崇拜英雄跟想成為英雄，**崇拜英雄者只是自己無法實現成為英雄罷了**，如果有機會，他自己會設法成為英雄，追隨者內在的另一面就是領導者。這跟媳婦和婆婆的二元對立是一樣的，被虐者另一面是施虐者，除非是非出於自由意志的，如果是自由意志的接受被虐待，另一端自己就是施虐者。

追隨英雄者也想成為英雄

而華人世界中的追隨者是否也會想成為英雄呢？追隨英雄者的另一面也想成為英雄！這似乎跟媳婦和婆婆的關係不太一樣，同樣的，如果媳婦心甘情願被婆婆虐待，她另一面就是會虐待別人，施虐和受虐之間是一樣的。但是媳婦會熬成婆啊？追隨者雖不一定會成為英雄，只是追隨者亦會想成為英雄，亦會找別的角度去成為英雄。那個角度是別人看不見的地方，常常是在家裡面，常常是在一個非常小的角落裡，而對於某些人頤指氣使。從很多小地方可看出來，許多人一邊可以對人搖著尾巴，非常忠貞乞憐，另一邊又會奴役他者，太監就是一例。

有機會反過來奴役他人時，絕對不會客氣的。若是自己願意被奴役的才如上述做，而如果是被迫的，則就不一定！因為失去自由的決定權，如果不這樣做會有性命之危，就不能算數。

美女的追尋代表人類共同欲望之實現

再者論及成為美女之生與死的歷史問題：為什麼有那麼多人追尋美女？這是審美意識的共同焦點？美，有沒有共同性呢？如果美沒有共同性的話，世間就不會有美女存在，也就不會有俊男存在。為什麼追尋美女總是常見的，女性在此被作為財產，被作為擁有，在華人大男人的沙文體系下，是比較常見的事實。到今天二十一世紀，女性仍然是弱勢，正因為是弱勢，所以追尋美女或追尋成為美女一直是擁有和被擁有的重要化身，才會有塑身、整容這樣的產業氾濫，好萊塢的電影塑造這麼多的美女巨星，金鐘獎、金馬獎出現這麼多奇裝異服、展現自己的身材，被媒體大量追逐的情況。代表什麼呢？這代表人類共同欲望之實現，為了追尋這個共同欲望而使其成為焦點，以其為存在的價值，就有可能為其生為其死。極端的表現就是陳圓圓、楊貴妃。一旦極致化以後，其表現變得可能就是為其生為其死。

以美女作為追尋的目標自古以來就存在，為什麼呢？因為美女代表高度欲望實踐的化身，那是一個深層的欲望。第一，被觀看；第二，可以被擁有，或是渴望被擁有。那是人類共同的審美價值的目標。**美女在每一個時代，會依於每個時代的共同欲望的體系而改變的形象**，但永遠有當時代最美標準，不管每個時代最美的形象是什麼，永遠有一個標準存在。這個時代

指的是社會社群的時代，而不是指全球、放諸四海皆準的，是以社會社群為標準的，所以沒有交互比較的意義，不需要交互比較，只要這個社會社群認定是美女的典範和標準就夠了。隨著時代的改變，實質內容當然也會改變，但永遠有一個抽象的美女，抽象的俊男。但因為俊男不是被擁有；而華人男性一直扮演著沙文階級，所以追尋俊男的效果相對就差。男性不如去追尋權力來擁有美女會更快些。追尋美女，作為被擁有，作為被觀看，作為可擁有是不一樣的，那是另外一種角色。人們可以看到在資本主義體系裡面，有很多人只因為美麗而能夠犧牲自己。美女可以幾乎沒有才華，而**資本主義也甚至可以把人澈底的物化成價錢**。這在軍隊最常聽到，常聽到軍隊的弟兄們在講：「趕快來看，前面有個三千的！」把所有的女性價位化，以妓女的美醜的價格化來衡定全天下的女性，三千代表鄉下地方的最高價格，當然價值在每個地方不會一樣。形容一個女性不漂亮就說「站壁的」（就是拿一個皮包站在旁邊，沒人要的，形容一個女性的醜）。把所有的女性價格化、物化，是這種價值代表的極致。

　　同樣的，在華人男性的生活世界裡面的語言，形容女性的美醜「長得很善良」、「很愛國」、「遵守交通秩序」、「不隨地大小便」等，不斷地在物化一個人或反價值化一個人來說明長相，這是同一種物化。試問：人的存在為什麼要被物化成價格？長相為什麼要跟世間的各種社會道德價值體系結合？人的長相跟世間的道德價值體系有什麼關係？一個再醜的人也可以是個聖人才對，也可以是個有高度價值的人才是，為什麼人天生的長相要被物化成世間的共同規範體系來形容，或者是用貨幣來形容呢？這是誰造成的呢？當然是華人社會沙文主義和

擁有者造成的。奴役者和被奴役者的關係！

　　試問才女的智慧和光芒是不是就是美？才女的智慧和光芒，如果是像林徽音一樣能夠有特殊的氣質吸引人，那當然是。這種吸引人是願意跟他者分享知性的樂趣，而不是引起男性器官的，那是人類還不太進化的表現。這跟喜歡鑽石是一樣的，令人不明白為鑽石而存在的意義，為名錶而存在的意義，為名車而存在的意義是什麼？這跟擁有美女是一樣的，都是擁有的邏輯。人的存在為什麼會依於名車、名錶、名鑽、名筆而存在呢？人不是赤裸的一身來嗎？人之所以珍貴是因為內涵、智慧光芒，而不是奴役他者為珍貴，才有普世價值存在！如果是比賽欲望擴張的話，惡鬼也可以是很好的典範，但是人們追尋惡鬼嗎？人們追尋魔鬼的典範嗎？假如這個典範存在的話，人們就可以認同魔鬼了，世間的永恆價值就全部可以打破了。

　　華人社會可能正不知不覺的在支持魔鬼，也就是支持欲望的邏輯，這裡面有各種非常顛覆的令人難以想像的歷史局面出現。例如文化大革命，因為支持那樣的領袖，支持那樣的欲望，乃會按照其意志去進行，就會支持整個社會往某一種欲望的邏輯去走，非理性的世界也就會產生。如同希特勒時代，難以想像一整個國家，互相打招呼要稱誦另外一個人的名字而存在，為什麼呢？就是這一套邏輯在進行。這套邏輯並沒有毀滅，例如聲稱王建民為「亞洲之光」、「台灣之光」是同一個邏輯，崇拜偶像、明星，崇拜某一種專業技術是同一個邏輯。

　　華人應不需要被群眾的愚蠢而俘虜。可是女人愛美似乎並不是為了男人或是自己覺得快樂？所以適當的愛美是可行的。如果愛美要去按照對方的形象去塑造，那就有問題，自我打理當然是可以接受的，如果是依於他者的喜好而存在，就會有問

題。我們沒有否定整齊美觀，但是否定依於別人的價值而存在去追求美麗或瀟灑，那是欲望的實現罷了。

透過教育啟蒙民眾

事實上，我們此乃透過教育的功能使得周圍的人被啟蒙，假如我們不相信教育的功能，那這世界就沒有任何可以追尋的東西了，也就是說我們相信奴役，相信崇信他者，這當然不是人類文明進展的可行性，**人類文明之所以會進展是因為人們相信教育的功能**。如果在家庭倫理裡面有家庭的領導者，是以奴役他人的形象出現的，底下的成員要有突破、有自覺，辦法就是教育家族的領導者或者家族的成員，教育需要策略、需要方法，而且需要長期，也需要論述，這個論述不是一種爭執、吵架的形態，它是以理服人，有耐性的、有條理的去舉例，讓對方漸漸的被耳濡目染。所以這是一個文明對抗野蠻、自由對抗奴役、被奴役之間的關係，是人類追尋啟蒙之後的普世價值對抗蒙昧的、非理性之間的關係。

人只應適度地遵循社群規範

社群裡面的規範指的是一個社群裡有一個共同遵守的基本法則，可以完全支持它，但不是被這個法則奴役，適度的尊重此法則。**當此法則已達到要奴役他者時，就不能再追尋了，因為剝奪了過分的自由。**人們可以花費部分的精神和時間來應付此社群的法則，但是不是剝奪了自由。舉例而言，在阿拉伯世界有一個法則，女性如果被強暴要被處死。女性被強暴為什麼

要被處死呢？這是非常違反道德的，她應該是被同情的，怎麼是被處死呢？這點人們當然就不能遵守！甚至家族裡的兄弟都要處死她以免使家族蒙羞，這當然是錯誤的法則。

華人在生活裡，作為一個人，當然可以採取一些策略來應付要奴役他人的等級制度，可以採取策略來對抗或周旋，這當然煞費苦心，需要智慧。在這過程中，有許多人會「放棄」，寧可接受奴役化，因為自己花腦筋太辛苦了。就看人要做哪一種選擇？時代如何進步？乃是透過不斷地觀念改革進步的。不代表年輕的就不能教育長者，只是教育要有策略、要有方法。而策略和方法是不是也要學習？學習乃是要苦練你的教育檔案，要教學設計，要說服對方一定是要需要時間的，要說服一個七、八歲的學生，也是要花時間，更何況為了爭取自己的自由，這種花時間不是很當然的事嗎？

如果對方同意一個普世的價值，讓其警覺到有很多觀念可能在違反普世的價值，譬如說不應該把妻子和孩子當作財產來看待，但是有很多的行為是把妻子和孩子當作財產來看待。當然，也可能把先生當作財產來看待。再進一步的延伸當然就是貞操帶，男人給女人加上的貞操帶跟女人給男人加上的貞操帶是同樣的東西，或無形的貞操帶也是同樣的東西，或奴役對方也是同樣的。能不能突破財產的概念而把對方看成是一個有自由意志的人，互相尊重，共同參與這個世界？這樣就沒有盲目的支持。許多觀念隱含著財產的概念、所有權概念。一檢測出來就要去加以瓦解。舉個例，閩南人或某些父母親會說「我就是你老子，我放個屁也是香的！你就是得聽我的！」這是沒辦法說服對方的，這是一種反教育，用獨裁、所有權來決定對方的存在方式，完全不能說服對方！人天生會追尋自由，他只是

暫時屈服於你的威力與財產，完全無法信服於你，這是違反教育原則，他服你一時，不會服你永遠。或者這變成是一種壞的示範，他接受這種被奴役，接著他再去奴役他人，這是一個好事情嗎？在一個非理性的情況下進行這種家庭關係。而改革可以是寧靜而且進步的，是非暴力的，當然是好事情。透過教育方案，有規劃的、慢慢的說服，讓對方啟蒙，不是跟他戰爭。若有反效果則是規劃不當，沒有讓對方真的被啟蒙。只是跟對方爭執，不是啟蒙對方，要讓對方醒來，只是需要花很多教學設計，像禪師一樣，把自己關在柴房裡，燃燒整個柴房喊救火，拿水來了，他都不出來，繼續燒，一直到拿木柴來了才說得救了，這是一個教學設計。

　　一個人要為什麼而付出是由他的自由意志決定的，跟平均主義是沒有關係的，用平均主義來扣帽子是為了自己的自由意志。用博愛主義不是更好嗎？對全世界的華人都一樣，這是一種意識形態。要對誰好，是自己的自由意志，是自由意志決定權，不應該用另一套意識形態來要求自己要什麼等於什麼，那是沒有意義的。

　　但尊重對方的自由意志，可是不見得對方會願意同樣的尊重自己自由意志，教育的方案設計可能需要煞費苦心！生活中的素養是需要長期培養跟鍛鍊的，而且要交互去適應。兩個人生活在一起需要新的生活模式，這生活模式是短兵相接的，於是，是獨立的個體就必須作協商，彼此要為彼此付出多大的部分，這是要協商的。不一定要百分之百的重疊，如果有人願意百分之百的重疊，那也是他的事。換句話說，有人經過自由意志決定要三從四德，人們是沒有辦法要求他不要三從四德的，那是他的自由意志決定，他喜歡演這個角色。如果是勉強自己

去遵循三從四德的話，當然是可以改變的。

　　但一般都是用禮義廉恥來給人扣上帽子！問題是那個禮義廉恥是誰規定的？誰的定義？自古以來的儒家思想，但自古以來是多古？儒家也不過是二千多年的華人社會發展，有人類多久了？人類不是任何時候都按照這個生活的呀！什麼叫做自古以來呢？人們要不要追尋五萬年前的禮俗，那不是更古嗎？二十幾萬年前的禮俗是不是更值得去追尋？要比賽時間的久遠嗎？這叫無限後退。人們不是要比賽無限後退。此乃是要討論什麼才是合乎人的存在的價值！絕非比賽無限後退作為權威，難道越古的就越代表權威的典範嗎？那原始群婚呢？人們追尋這些嗎？憑什麼追尋孔子的典範作為典範？但人們會說教科書都這樣寫！那麼誰寫教科書？幹麻不自己寫教科書？教科書等於槍桿子出政權，是軟刀子，紅色寫教科書紅色就對，藍色寫教科書藍色就對，綠色寫教科書綠色就對，接受這套法則就是接受為了取得政權不惜一切代價，就是接受選舉不惜任何爛招，只要勝選就是最高的價值。槍桿子出政權的概念就等於接受為了勝利不擇手段，也就是接受領袖，接受英雄，接受標準化的美女，這都是同一個邏輯。但在這世界裡面，不接受的人好像比較少，所以會感覺比較孤單！不！**人類為了追尋文明的進步，乃是不斷地以少數精英者而突破！**曾經，大部分的人類相信太陽繞著地球轉，人們並沒有否定少數人發現地球繞著太陽轉這個價值，只要人們支持教育的理念就不會有人否定這個價值！現在有沒有任何一個人懷恨發現地球繞著太陽轉的這個事實的人呢？

　　問題在於沒有人是上帝，而只是一個領袖，**上帝是我們去創造的，上帝基於人們的需要而創造。**如果人們發現這個事

實，就會發現信仰的原來是自己的需求，是一個欲望。信仰代表一種欲望，除非人們進化到沒有對象的信仰，是純理念的信仰，那麼人就擺脫掉欲望的糾纏。**我們的信仰常常就是我們欲望的實現！**換句話說，人們會信仰任何一個的傳統的倫理道德並且被它支配，甘願接受這個支配，也就是說人們的欲望內陷於那個傳統道德裡，整個人生的欲望也在這套傳統道德裡，人們才會覺得活得有意義。如果人們不在乎這套傳統道德對於自己的欲望之間的實現關係，它對自己就沒有任何支配力的。之所以會被它支配是因為欲望內陷於它，若跟它沒有任何欲望關係的時候，它怎麼內陷於自己能否不靠此物而生存，不靠此滿足自己的任何欲望，又怎麼能支配自己呢？甚至不加以否定，甚至頭也不回的，怎麼可能被支配？之所以會被它支配是因為跟它血肉相連，自己就是它的一部分！當然無法反對它。當他不是自己的一部分時，即不需要反對它，只要教育它！

若不敢跟其說不一樣的話，是因為自己需要舊有的遊戲規則，怕這個遊戲規則改變了自己往後面的路，不符合欲望的實現，所以就不敢展翅高飛！如果不在乎，就沒有欲望實現的問題。

所以，基本上，**教育就是學習如何尊重個別的差異和尊重個人的自由意志**；還有一個，**教育還有一個重要的部分是啟蒙**！在啟蒙之後是自己去走，就會自我學習！啟蒙就是掃去曖昧，掃去無知，離開了無知之後，是有知的，用這個有知再去求知！人們很多行為是被無知所支配了，毫無疑問的，人們太多行為是基於非理性的，基於欲望的，人們考慮很多的黃金律令是因為人們要活在那個世界裡面，透過活在那個世界裡面感覺到安全，感覺到可以以這套體系而活得好而從這個社群獲得

到什麼樣的利益！如果不追尋這個東西呢？並不是離經叛道，沒有違反善良風俗，只是不要這個社群的利益，又尚有遵守教條的必要？不遵守教條不代表離經叛道。

英雄的自我地位鞏固、塑造

　　人類具有健忘的特質，華人社會亦然，所以當英雄取得自己偶像地位之後，為了不消失自己的英雄地位，就會採取新的事件的創造，來使自己成為英雄，例如：毛澤東、蔣介石都是同樣的案例，所以偶像的追逐者與偶像之間形成一種循環，因為偶像不願意失去偶像的地位，而偶像的追逐者不希望自己的偶像凋零，面對偶像的各種凋零的可能或者是衰敗的可能，偶像的崇拜者永遠具有各種結構性的情緒反應，或者是面對自我偶像化的凋零他也永遠具有各種結構性和策略性的反應。

　　如此一來，只有熟悉對人的知覺構造、欲望構造、身體和權力的需求構造瞭若指掌者，那麼就能就很清楚的知道人類在精神上面的反應是哪些，也可以熟悉的知道人類在這些面向上當失衡的時候，會產生何種精神性的疾病和精神狀況，於是**凡是追逐主體者，凡是需要意識形態者皆可操縱，皆可被統治者或偶像玩弄於股掌之中**。於是，擅長操作意識形態，擅長操作崇者的偶像，都能有效地讓崇拜偶像者要哭就哭、要笑就笑、要激動就激動。而這樣的現象正是人類學家所分析的，群眾運動中的過程，大致上人的智商會返回到十三歲定格的狀態，實際上，真正的說明是人進入一個準意識狀態的結構性意識狀態，而未必是人類的十三歲狀態。

主體不消失，但華人將不斷地重蹈歷史覆轍

　　華人在未來三十年將會不斷地重蹈歷史的覆轍，原因是主體的不消失，主客的二元對立和不斷翻轉，偶像類型和欲望的結合總是基於人體欲望的基本課題。人體基本欲望的特質是哪些？無非是性欲望、娛樂的欲望和肉體的欲望，例如：運動上，突破運動的極限，實現人體極限上的不可能，那麼，這個包括田徑或各種球類，那麼人類為什麼崇拜這種特殊的能力呢？因為自己達不到，這當然是一種肉體上欲望的主體崇拜，或者像是歌聲、音樂，就是技能上的不可能，而且造成一個「欲望」，所以這種偶像的追逐，它和身體的欲望一但結合在一起的時候，那人們就會看到各種歷史循環定律的出現，因為欲望和意識形態的互動之間它會產生必然的結構性反應。例如偶像的被破壞，而信仰者必會有結構性的反應。例如：暴力衝突、互衛、墊補、沮喪、失落這都是所謂結構性的反應，或者歡呼、追崇這種結構性的反應。再回頭看，所謂身體欲望和權力與偶像崇拜的結合怎麼會產生這種現場呢？比如說英雄，戰爭中的英雄或者是各種救火隊的英雄，在生活中所產生的英雄現象，叢林中的英雄等，那越巨大的事件這英雄的現象可以維持越久。

　　從解構主義的角度來說，人們乃可以討論偶像形成的意義，比如說因為大多數人的存在是一個主體化存在，也就是說是一個需要以主客體對立的建構生活形態，所以也就需要意識形態。作為一個主體，當然就需要意識形態，需要意識形態的同時，也就可能需要偶像的形成來為自己建構存在的意義。那

麼這一切的偶像形成就必須要廣及在生活的各種細節之中。包括各種生活上所需要的明星，包括娛樂、消費的，或者是崇拜的各種明星。這當然也就包括球類的、運動的、政治的、歌唱的各種消費上的明星，或者是生活中的明星或偶像，而且經常誇大了許多人的能力或者是特質，以讓自己的偶像具有更高的神聖意義。

偶像崇拜，更直接的會呈現在宗教或者是所謂修行的世界裡面，其中有一個很重大的任務，是為了維護意識形態上的被信仰，其重大的任務乃是必須要使崇拜的偶像神聖化、絕對化，而且具有超越性。換句話說，**偶像的形成，很大的部分是來自於信仰者的需求，這樣的需求是基於意識形態的需要**。必須要將偶像的需要建立在沒有別的偶像可以替代之狀況，並需要把這個偶像鞏固。所以各種偶像形成巨大的力量是來自於其信仰團隊。這種信仰團隊人們當然可以在前面的舉例中可看見，如宗教的信仰團隊、政治明星的信仰團隊、各種運動明星的信仰團隊、各種娛樂的偶像信仰團隊或者所謂的本質，這樣的信仰團隊的出現對華人有著什麼意義呢？是他們共同在鞏固彼此的意識形態，使彼此的生存具有高度的安全感，具有一個有效的社群，產生一種巨大的存活張力，那麼這些張力和偶像的絕對化和神壇化會造成華人的愉悅高亢和主體性，在這一點上兩岸皆然。

相對於與其信仰不同的團體也就形成其主體的對立面。那這種對立其實也是另一種需要。有偶像的形成必然也有人不信仰偶像，偶像的信仰者與不信仰者都是一種欲望的表現形式，偶像的正負兩面與打擊偶像者和信仰偶像者都是一種需要。為什麼？因為基於一種主客體對立的邏輯。台灣近二十年的政治

偶像之上場與下野即是例證。

　　換句話說，**要瓦解偶像的最好方法不是站在偶像的對立面，而是解構意識形態**。換句話說，所打擊的偶像只是稻草人，因為打擊了偶像，對方無論是個人或群體都還會再有新的偶像出現。為什麼？因為關鍵在於意識形態，所以要改變群眾，是要改變意識形態而不是搗毀其偶像，因為偶像只代表意識形態，那有多少種意識形態就可有多少種偶像。此外越具有濃厚傳統結構性的意識形態，就越會有英雄主義，聖雄式的偶像出現，並且也會有越多的人去扮演這樣的角色。在越是意識形態化的地區，那越接近後現代或後後現代地區的偶像化現象就會越稀薄及可取代化，或者偶像的扮演時段就會越趨近於片段，它的絕對性就會相對的降低。也就是說它會越趨近於消費的狀況，換句話說，**越接近於後現代或後後現代地區，偶像的形成越具有消費的特質，也越不具有神聖意義。**

　　誰具有絕對性呢？絕對性還會在後現代或後後現代地區的世界存在嗎？只有一種可能，就是智者只有智慧具有絕對性，但是，智者不再具有對偶像崇拜的意義，也就是說，智者所代表的已經不是一種意識形態化的東西，所以智者所代表的不會是一種群眾式的粉絲集團式崇拜追逐的對象，而是一種知識交流的、高層次的、心靈的、響應的對話，這比較接近的古代案例只有一種就是禪宗。

　　中國禪是一種思想而不具有任何偶像崇拜的意義，所以從禪師那裡可以學到禪法，它可以自在自由的往他處或再伸延，它不需要把禪師為他開悟的對象當做是一個絕對的偶像加以供奉和朝拜，或為它做金身，它只是將它明立於心，成為一生中一個重要關鍵轉折者或一個啟蒙者。所以偶像的形成必須且當

然也就是啟蒙的未定之業所在，凡它需要啟蒙之處，必有偶像崇拜的現象，也就是說，緊抓意識形態和緊抓主體性不放的所在。所以再進一步就可以說明為什麼人們要追逐偶像，因為追逐偶像事實上即是追逐自我，追逐自我主體的建構，偶像投射為意識形態的主體，那共同追逐偶像的人形成追逐共同主體的團隊，那彼此可以感覺到一種存在上的溫暖，而不至於失落，那就在這種追逐、失落、替代的過程裡面，它不斷地產生歷史的循環，所以人類歷史為什麼會循環是基於意識形態和主體的追逐，歷史的命運之所以會不斷地重蹈覆轍，基於人類未能真正的啟蒙。

也就是說，**它指被意識形態思考而不能夠作有效的自我反思，在這樣的偶像追逐事件裡面是沒有理性可言的，所有的理性只是工具式的理性，而不是純粹的理性**。換句話說，當華人心中有任何一個偶像，就意味著，華人大腦意識中有某一個區塊是非理性、是需要啟蒙的、是需要更深入的，凡說具有崇拜他者為偶像之現象，凡具有某個部分極需有主體性的現象，必有該部位該區塊的非理性而需要啟蒙的狀態。

啟蒙也意味著必須要面對人的意識的各種可能面向，和人欲望的各種可能的指向，以及人知覺的各種指向，及人的權力的各種向度來加以啟蒙。換句話說，一個有知識的人經常有太多的面向需要加以啟蒙者，即便這樣的人是標準的知識分子，具有正義感，是大學教授、是雙博士學位、是政治精英、是知識精英、是世家大族，或具有雄厚財富者都不例外。

所以，在這樣子的角度之下，財富的意義巨幅下降，知識經濟正式的到來，也就是後後現代的時代正式的到來，後後現代正式的到來，並不意味所有的人都獲得啟蒙，而只是告訴人

們，智者作為唯一的絕對性的時代的到來，而偶像終歸毀滅的時代到來，但是群眾仍然是沉迷於偶像追逐和消費偶像的一個傳統或者是現代或者是後現代世界之中而已。

　　要進入一個全面啟蒙的華人顯然有一個重要任務，就是有效的去反省自己在各個區塊，各個層面關於意識、知覺、欲望、身體、權力的需求裡面，是否具有這種崇拜或者是依賴性，因為依賴也一樣會形成另類的偶像，由於依賴是一種非主義，非團體性的狀態。所以，乃會有另類形的偶像，因為需要對方，那麼這種依賴也形成在生活中各個層次，由於依賴會使自己無法客觀化。最可怕的力量是具有理性的訓練、具有專業知識而被稱為知識分子者，把這樣的專業力量放在其非理性的狀態和意識形態狀態的偶像的追逐上來作為一個辯護。例如運用高級的知識來為宗教辯護，利用高級的知識來為政治偶像辯護，利用高級的知識來為權力的支配辯護，利用高級的知識來作為個人的娛樂、興趣、情緒化辯護，利用高級知識來為他個人想要依賴的對象辯護。而這些辯護如果是生活的細節無傷大雅，但如果是涉及到公共事務的話就造成公共事務上判斷的失準確性，但事實上，在生活上雖無傷大雅也一樣會感受到失準確性，只是這種失準確性影響不大、損失大大。但仔細想想，這些失準確性如果統加起來，其實影響力卻十分的巨大。譬如說：為了依賴某一個醫生而不願意再去注意其他的醫生可能更精準、更高明，因為某人對某個醫生有依賴有情感，對他有意識形態，他可以使某人產生這種依賴感，那麼某人很可能一直失去很好的醫療服務。買水果、買魚、買肉都一樣；或者是一位鋼琴老師因為某人跟他有深厚的情感，某人於是沒有辦法客觀的判斷，也不願意再去尋找更好的鋼琴老師為自己的孩子服

務，在生活中這種事情碩見不鮮。

　　當然，進一步的說誰給華人偶像奴役的權力，誰給了偶像產生這種迷失和幼稚的狀態？當然是自己意識形態的需求，例如人們設法追尋青少年時的記憶，然後會想要懷念青少年時的歌星，然後在那裡忘我的、歡愉的和同伴度過，這是什麼意思呢？是因為曾經以意識形態的方式和某一種結構性的生活存在，具有一種高度相互取暖的作用，而這種感覺，有種高度相互的依賴性令人感覺到美好，這種令人感覺到美好的原因是基於什麼？是基於人性內在缺乏獨立、渴望群聚、渴望溫暖的情形，此是人類的一種精神內在的特殊惰性，如同有人會不斷地渴望愛情，從華人的欲望來說，愛情應該是階段性的渴望即可，也就是說，它應該歸於婚姻之前，在婚姻之後應該是進入另外一個階段使得生活不再以愛的意識形態進行。所以可看到有某類特殊的人，其在人群裡有一定的百分比，他不斷地渴求愛情，以愛情的意識形態不斷地生存下去，此乃是具有某種特殊意識形態的個體。那麼從上述的分析就可以看出來，所有偶像的追逐和日常生活對偶像的依賴都基於人性內在的黑暗或者是墮性，或者是結構性的意識形態，或者是精神的屬性而來，甚至一定的精神疾病，而且其具有群體性。

　　偶像必然基於群體性的存在，偶像也必然基於欲望的存在。當然，在此也同意有極少的各別偶像，也就是某甲只是某乙的各別偶像，那這種各別偶像是基於某一個體的特殊需求，這種通常發生在生活的依賴形式上，偶像的追逐如同於書寫自然數，是一個不定項一樣。也就是說，**偶像的追逐永遠沒有完結的一天**，只有轉換，這種轉換意義如同在自然數中趨近於自然數內在的小數點的發生。那麼萬一偶像毀滅了，而意識形態

並沒有毀滅，所有的採取策略都是尋找替代品，那麼這種尋找替代品的方式乃完全可以在愛情的世界裡找到類似的結構。換句話說，人類的精神現象在這裡完全是結構化的，原因是當一個人失去愛人以後仍需要愛情，而會尋求替代品，所以如果沒辦法找到替代品，就會造成極度的失落，或者這種精神現象是完全按照結構進行。

　　想要解決這個辦法只有兩條路，第一是進行真正啟蒙，使得覺悟到這種意識形態的需求足夠，但是啟蒙何其容易，需要對人性的各種情節、各種工具理性的表露，一一加以解說，它非一夕可為，它需要動員非常大的教育力量。另外一個辦法就是進行精神治療，所以治療學就會有高度的認同需要，治療成為另一種偶像的代表，各種治療只是一種偶像的替身，因為失去偶像需要被治療，所以治療者也很容易形成偶像的化身，那關鍵是原有意識形態者它需要的是治療，但由於人之所以需求治療是於其偶像的隕歿，所以它需要治療的方案。而由於他需要偶像，所以在治療方案的取得過程，乃自然而然的把治療方案的提供者又形成偶像來加以替代。於是，各種治療的市場就替代了各種偶像的地位，所以只要有結構性的意識形態存在、主體存在，偶像永遠不會消失，偶像會以各種變身，變成於日常生活之中，包括在課堂、廟堂之中，在任何嚴肅的場合，在任何低俗的場合都會形成偶像，於是草莽性的、非理性的偶像和中產階級式的偶像，表現上似乎巨大的差別，而實際上卻具有異曲同工之妙。

　　當然追逐華人社會中偶像的集團它會產生巨大的力量，因為意識形態的力量是盲目的，盲目的力量十分巨大。如何瓦解這些盲目性的意識形態力量，和這所謂虛假的主體力量。**唯**

一的辦法是解構主體，讓華人群眾發現主體的虛假，並解構偶像，讓群眾發現偶像的神聖化的虛假，也解構群眾對偶像的疑存的必要性。

預測七：人民生活與藝術文明
　　　　將有新進展

以自己為座標建構獨特的生活文明

　　只要仔細的瞭解大眾的生活就會發現，大多數人的生活，是深入在自己的社區裡面，除了業務員及經濟的追逐者外，其餘百分之八十的人是活在簡單的社區生活之中。這包括軍公教人員、中小企業者以及某些大型企業的經理人等，其實都是活在自己的座標之中。

　　這百分之八十以自己為座標建構自我生活文明的人，只有在出差的時候才會離開自己的生活區。這些人重視生活區的穩定和富足，並不一定去對比於其他的西方城市的資本主義發展模式。只要基本的生活條件到達了，華人為什麼要尋求西方式的文明而活下去。**華人擁有自成的一套生活哲學，也自然地形成屬於自己地域性的生活模式。**

　　舉例來說，如果居住在成都的郊區或者桂林的山區，其生活的穩定及享受不亞於巴黎度假的享受，那麼人們為什麼要花百倍的代價，而且僅只短短十天的時間去換取巴黎的享受？雖然巴黎的風景是美的，但中國美景九寨溝、張家界也同樣是數一數二的美麗景致，在人們地域價值觀建立後，「每個人一輩子都需要去一次巴黎」也可能被「一個人一輩子必定要去一次九寨溝」所代替，這就涉及到文明價值定位的問題。

當中國人已經有效的重建自我的自信心後，華人的價值系統可在內需市場達到充足的狀態。換句話說，他可以建構一個不同的新的形態文明，而且一樣是高度發展，具有高度生產力的文明。

開始檢視自己的生活及心靈層次

在經濟起飛，物質生活逐步提升改善之後，隨之而來的是華人將面臨如何面對自己的生命和心靈生活，怎樣提升自己的精神層次。生活品味和心靈提升會是未來三十年華人必須重新檢視和討論的重要課題。

華人在不斷地追求安定和穩固生活後，物質上有了基本的完成，接著要面臨的是心靈層次的問題。**品味會重新成為華人追求的精神目標，而這個追求品味包括追求心靈的終極歸宿，並檢視自己的生活層次。**

以目前台北、上海的生活座標來理解金錢的需求，當總財富超過人民幣一千萬以上，若不過度奢華購買過度昂貴地段的住屋，那麼財富的有效性就會隨著數字的上升而遞減。換句話說，以目前的生活水準，超過一千萬人民幣的財富到上升至一億人民幣，其有效性幾乎趨近於零，剩餘的只是無謂的高層級遊戲式的消費而已。

心理資源及社會工作資源嚴重缺乏

人口眾多、經濟快速起飛、物質文明的躍升，整個中國大陸漸漸承受巨大的壓力，但是社會工作的心理諮商師、社會工

作師、精神醫師的數量卻是嚴重的不足。這個問題在台灣也是一樣。

　　台灣的精神醫師才剛剛突破一千人，可是島內患有輕重精神疾病的人口卻佔台灣總人口的二十分之一以上。這樣龐大的醫療需求和諮商需要，卻只有少數的專科醫師員額，未來將衍生許多問題。不僅人數嚴重不足，台灣地區精神醫師訓練的素質也遠不如歐美，精神醫師無法運用心理分析和諮商的技術協助病患打開情結，反而過度依賴醫藥醫治，影響醫療成效。

　　民眾的心理情結有時不是靠藥物而能治療，精神醫師診治精神疾病，往往只解決簡單的情緒低落，或亢奮、恐懼的消除而已，並沒有解決深度社會心理問題，也沒有解決情結問題。這是因為台灣地區精神醫師的人文素養仍為不足。

　　同樣的情況也發生在中國大陸。如果未來中國大陸尚不積極的發展精神醫學、心理諮商和社會工作，那麼未來得面對接踵而來各種嚴重社會問題。社會心層次的問題單靠宗教的信仰是不足以解決問題的，因為精神層次是醫學層面的問題，無法僅以簡單的宗教信仰解決。

　　以法輪功在中國的發展情形來說，除了信仰以外，由於很多農村缺乏醫療設備，法輪功給了他們錯誤的訊息，認為練習法輪功就不需要就醫。那是以意識形態來代替醫療。而如果中國積極的解決農村的醫療問題，則不會出現運用宗教取代醫學治療的誤導情況。

儉樸哲學成為新興的風潮

　　對品味生活的追求加上對財富定義認知的改變，漸漸地人

們對生活的物質需求開始下降，對生活開始產生不同的追逐模式，**這時全球將吹起另一股「儉樸哲學」風，簡單、樸實、健康、環保是大家努力追求的目標。尤其是在中國，傳統道家生活哲學會再度被重視並予實踐。**

中國的傳統思想裡原本就有天地和諧的生活意涵及哲學，未來華人將重新思考、採納中庸式的經濟哲學，這種思考模式還會延伸到其他領域中。

在晚期資本主義社會中，人們開始思考，無止盡的賺錢是必要的嗎？財富對人們的定義又是什麼？如果收入已足夠應付生活所需，那麼不斷地繼續賺錢是必要的嗎？如果台灣沒有進入所謂的M型社會，卻進入高齡化社會，但有中國如此巨大的經濟腹地可茲運用，人們又該追求什麼樣的生活？基本上，台灣人民追求的生活和中國大陸的生活形態雖不同卻不遠矣。

台灣的醫療品質漸漸發展到城鄉差異不大，嘉義的醫療品質不遜於台北都會區，而台中、台南的生活品質也絕對不遜於台北，但是房地產價格卻相差很多。例如：二〇〇七年，台南最貴的住家一坪只要新台幣十六萬，但在台北的東區很可能是十倍的價錢。許多台灣人開始思考如何調整自己的生活經濟。他們的思考模式是：一對在台北擁有一棟東區房子的小夫妻，如果將房子出租，僅用其中四分之三的錢在台南市成功大學附近生活，其餘四分之一的錢用來付房租和水電費即可，他們可以不用工作，悠閒地過生活。

認知到生命其實是全方位的需求

在下一個華人社會，不同的生活經濟思考模式將會取代原

有的生活模式，並蔚為一種影響與流行。人們開始思考是否應該無止盡地在大都會環境中生活與競爭？無止盡的現代化是我們要永續追尋的生活目標嗎？如果不是，人生應該過什麼樣的生活？我們的經濟生活和其他層面的事物又該保持什麼樣的關係？漸漸的大家會發現，**人並不只是經濟的動物，也不只是政治的動物，人的過程其實是全方位的生活需求。**

　　所以，未來華人將深入的思考人生的真正意涵，人從出生到求學到拿到一定的學位，中間該花多少時間去學習；我們該花多少時間去練習、學習要用到的語言；又得花多少時間品味影片、交響樂和各種音樂。生命時間和空間的掌握對大家來說變得很重要。人們會在財富和生命追求的東西之間找到平衡點。

　　如同旅遊家宣傳的，人的一生要到一次羅馬，人的一生要到一次巴黎，因此未來大家會贊同並重視：人的一生要聽一次貝多芬的《合唱》，要聽一次德弗扎克《新世界》，要聽一次《莫河島之歌》，要聽一次《梁祝》。人們會花更多的生命和時間從事藝術欣賞、文學欣賞，還會花更多時間享受旅遊和生命饗宴。大家會花更多時間陪伴家人，陪伴自己的身體成長，日常生活中的基本需求吃喝拉撒都變得比物質更重要。於是這些時間將佔據我們的大多數生活。

　　知識經濟未來亦將更形重要。以目前華人世界中，每年保守估計至少生產二十五萬種的新書，但人的一生誰能夠閱讀超過五萬種的書本？又有多少人能閱讀超過十萬本的好書？所以，**大量的知識生產讓只能做有限閱讀的人們在有限的選擇中更加珍惜及重視閱讀。**

　　人們的生活除了藝術生活、倫理生活、政治生活、經濟

生活，再加上有限的閱讀和選擇，還得開始重視時間的分配問題。分配既需要精力，更需要時間和財富，且還包括養生，人們開始會追問，我們有多少生命可以去花這些錢？有多少生命可以去閱讀這個世界值得閱讀的藝術品？有多少生命可以去追尋自己的靈性生活，包括宗教、靈魂層次、生命境界？還剩餘多少時間享受我們的品味？最後，大家認知到，生命的追求及過程其實是全方位的，而追求生命及生活的內在品味，才是不枉此生。

民族的藝術層次將提高

在過去，華人的社會除了香港的公共工程之外，很多地方的建設，包括台灣，都缺乏整體的藝術美感，人文修養不足，大小城市毫無特色，令人覺得遺憾。到了下一個華人社會，華人開始關心生活藝術層次，整個民族的藝術層級將隨之提升。人們不只關心公共工程是否紮實、實用、便利、有效，必開始關心整體的空間及品質，以及工程及建築的藝術感。這象徵著民族審美層次的躍升。換句話說，追求品質比追求消費能力更為重要。

未來，華人將開始一種所謂的新現代化生活。因為人們對公共工程有不同的要求，民眾也開始有新的生活視野。所謂新現代化生活，即是人們新的生活起點，城市裡的市民有了美學、美感、品味的要求，而不是僅只經濟或外表的要求而已。

而這一個民族藝術的提升足足等候了一百年。從鴉片戰爭開始，中國華人一直將所有一切關注在生活如何富足或安康這個主題上，追求生活改善、追求物質文明是最佳目標。但下一

個世代的華人卻企圖擺脫這樣的生活禁錮，人們開始思考：除了富足、溫飽以外，生活及環境還可以怎樣提升？整個民族終於邁向擺脫鴉片戰爭以來的追逐物質文明魔咒，重新開始一個有人性、有深度、夠尊嚴的生活。

　　這樣有人性、有尊嚴的生活也將快速地迫使中國大陸的經濟成長轉向品質人文要求的方向，而不是停留在自身溫飽和追求民族自信心如此而已。同樣的，台灣人民也開始要求生活藝術及美感。在現今，我們看到台灣由北往南，或者是由大都市往中小型都市，已逐步改變城市和公共空間，並落實他們對藝術的需求。

　　舉例來說，台灣嘉義市的人口量可能排名全台二十名以後，但是城市規劃已經加入新的京都計畫考量，大規模的綠地規劃和公園規劃，讓城市發展有了新的令人期待的未來。這樣的改變和思維不僅只在台灣，未來，在中國上海、北京、廣州、深圳、杭州、蘇州、南京等，甚至其他二級、三級的城市的華人們，逐步地也會有同樣的要求和需求，民族藝術層次產生了質的變化，社會各階層以追逐品味取代經濟能力，整個民族的價值觀和精神領域將再上一層樓。

將改變全球的物質體系分配及生活戰略

　　在種種的經濟意識、社會生活形態及龐大新中產階級產生的主客觀發展下，下一個華人社會將以自由和變動的方式改變全球的物質體系分配和生活的戰略。

　　用同樣的標準和思維放諸於生活中的一切，許多的消費行為和消費意識形態將大大的被改變。例如：我們在杭州的絲綢

一條街或女人一條街，以一千元人民幣的價格，即一百五十元美金，就可以購得一輩子所有要使用的領帶及絲綢衣服，那麼為什麼還要用一百倍的價錢去換得相同的東西或只是一件或兩件的衣物呢？如果我們到杭州、蘇州就可以買到五百元人民幣不到的一條蠶絲被，或是僅以十倍的價錢買到全家三十年可以使用的棉被，那人們為什麼還要用一百倍的條件來換得同等的蠶絲被呢？

同樣的思維也適用於家具等所有的家居需求及房屋需求上。如果十萬元人民幣就可以生產出一輛相當不錯的汽車，那麼人們為什麼要用四十萬元人民幣去購買另一輛同等值的汽車呢？而假如住在上海所獲得的物質生活條件，和在合肥和南昌都相同時，那麼生活就變得靈活而彈性，只要搭乘飛機把該採買的物質採買完畢了，那麼更多人就會更彈性地運用資金，而新的生活戰略也勢必會出現。

「度假購屋」新形態，買房新習慣產生

在下一個三十年中，中國的某些城市的房地產將會進入飽和的狀態，而不再興盛或帶動經濟的繁榮。人們開始重新估量和面對生活的空間感，甚至開始發展出像美國或歐洲以租房為主流的居住形態。尤其是中國土地無法買賣，這樣的形態未來更能廣為流行。

這樣的觀念不只在中國大陸，未來連台灣也會開始質疑買房的必要性，而開始轉換購屋理財觀念。為什麼會有這樣的轉換？原因是台灣民眾會發現，在擁有房子之後，經常會受到其他周邊環境的挑戰，一旦房屋出現問題的時候，他可能要面對

半輩子積蓄的巨大損失，如果沒有買房子其實反倒沒有這個損失風險，而只需承擔沒有擁有的問題。很多人開始計算：即使擁有房子真能天長地久的居住下去嗎？人們開始發現，假如以時間軸計算，很可能租房更為划算一些。

因此，**過去華人所認知的「有土斯有財」的買房價值觀，到了下一個三十年便開始有了化學變化。部分華人開始適應四處游牧的生活形態**，房屋的供給量也會產生變化，房地產炒作和銷售將轉進另一歷史階段，影響經濟狀態也會產生質變。

漸漸的，「度假購屋」的習慣會出現，未來人們將不會以太高價格的房子來作為度假購屋考量。目前某種高價格的度假購屋還只適用於少數階層，等到變成是普羅階層或一般中產階層的購屋考量時，一般小公寓或是郊外的公寓也可能成為度假購屋的選擇形式。華人在逐漸習慣這種居住形態後，就會發現轉換空間居住的成本是比較划算的，甚至比去租個小型的臨時旅館還划算。

人文環境規劃及建設有待加強

一個城市的發展勢必要有完整的人文社會藝術和各種科技工業的人才，因此高等學校的數量與存在品質是一個重要的指標。當重慶被改造並成為整個西部的經濟重鎮之後，它還必須在其他方面加強建設。

舉例來說，以重慶的面積和人口數來說，重慶的高校的數量實在過少，只有十幾所是絕對不夠的。而且重慶還缺乏重要的人文環境發展基礎。中國政府若要發展重慶，不但應加強它的人文環境，還要注意學者經濟能力和交通移動的便利性，並

於整個城市規劃時，加強修正。

又例如：杭州大部分的高等學校集中在距離杭州市開車需要一個半小時的下沙，這樣的交通和移動不便利性，將嚴重影響杭州的學術發展。因為學者的收益原本就不高，如何讓他們在游刃有餘的環境裡面創造學術思想是相當重要的，因為他們的時間和自由度必須要提高，學術生產力才會增加。

人文條件的不足不僅在重慶，中國許多地方都有類似的情況。深圳和廣州即是最好的例子。廣州中央大學是大校，但是它整個人文條件卻憑靠中山大學。人們不禁思考：將人文發展過於依賴一所大學這樣好嗎？中山大學校內師生將近五萬人，校內師生都有物質向度、存在向度、精神向度等的需求問題，但以精神向度來說，它的輔導室只有三十個人，卻必須處理五萬人的精神向度需求，就算再加上周邊的醫療單位和相關的社工人口，仍是遠遠不足的。而這種情況對於要邁向國際化的廣州而言當是一大障礙。

另外一個不合理的規劃則是深圳大學。深圳是中國繁榮的四大城市之一，深圳大學名列一百五十名內，但人文力量卻非常的薄弱，雖然距離香港很近，小小的香港彈丸之地綜合性大學尚有八所之多，可是深圳卻只有一所深圳大學，這是中國政府未來要思考並加強的地方。

以中國政府的中央控制能力和培養能力，絕對有力量加強深圳的人文環境跟大學環境。目前因過度的依靠經濟發展重視都市繁榮，卻忽略了人文環境的建設和培養。中國未來城市的發展將人文需求和力量納為都市發展的思考是必要的。比較理想的人文需求及規劃像是南京大學、清華大學、人民大學、北京大學、復旦大學、上海交通大學等，都是比較理想的設計。

預測八：小兒女的愛恨情仇　仍處處上演

每個人生必定具備的意義邏輯

「**小兒女的愛恨情仇**」**是人一生都受到一種特殊的意義邏輯在支配著**，例如：華人社會中，可見電影《臥虎藏龍》中的故事情節。這種情節表面看起來沒什麼，可是它可能支配著人們的一生。因為人們時常對某些事件難以忘懷，而且甚至為愛恨情仇而生，為愛恨情仇而死。

站在一個私人的立場，每一個人都是世界中的一個小兒女，不需要過分放大它的意義，自從有人間社會建構以來，大概就沒有一個人任意的放棄「愛情」。晚期的市場經濟的華人社會，人們開始為意義的邏輯而生存，在這個意義的邏輯將為每一個人建構一套愛恨情仇的模式。並且不易遺忘，也不易改變，倒是很容易擴大。而且可能會形成集團化，然後到集團對立。這個對大家可能覺得有點抽象，例如：喜歡馬英九、喜歡陳水扁、反對陳水扁、反對馬英九都是一樣，或以票友社為建立。

從一個細微的角度，可以看出一個非常壯觀或宏大、或者是影響人生非常重大的一個面向。人們經常為了自己的愛、恨、喜、怒、哀、樂等，而影響一生意義的追尋求，甚至為了追求而死亡。這都是為了「意義」而死亡。過去由於哲學、社

會學的莊嚴性使得人們很努力去問，人活著是為了什麼？存在的意義是什麼？筆者個人以為，問題錯了！如同存在主義哲學家卡繆都說：「沒有哲學問題是最重要的，只有自殺問題是重要的。」

太多人把學問看得太偉大、太緊張，乃至於問的問題，大大走錯了方向，使得學問和生活隔得如此遙遠。 如果換個角度問問題：我們為什麼會有這些小兒女的愛恨情仇？為什麼我們又總是那麼努力的去品味每一個愛恨情仇？然後如實的搬上現實舞台或戲劇舞台上，即使只是一個不起眼的小人物的故事，人們也會為他流淚。這表示人類有些共同的特質。這些共同的特質是人們在追尋一個可能內在更相似之物。雖然外表上是不一樣，但是內在上是相似的。華人社會還會在小兒女的愛恨結構中多久呢？

愛恨情仇遠比想像中複雜且牽涉範圍廣大

如果只是用「婚姻和愛情」討論愛恨太簡單化。在此要把它擴大一點，則是指包括所有的愛、恨；喜、惡。但之於物和人又不太一樣，例如：學生可能很討厭學習數學或英文等特定科目，但是經過認真學習而理解內容後，可能就會從討厭變成喜歡。但華人卻總不容易從恨轉變成愛；尤其在政治光譜上，但對於「非人」的物件就不易固著化。華人為何總是由愛走向恨，而恨卻很難走向愛，以使得二元對立總不清除呢？

如果只是對某個人的情感有所轉變，愛或恨都只是雙方個人的價值觀，對於一個人，有沒有可能因為某些層次的利益轉化？或被另外一個情緒取代。以施明德為例，其婚姻與愛情

的歷程為眾人所知，當過去的愛人到媒體上說三道四，揶揄他，這些只是代表單純的愛和恨而已嗎？這是比愛、恨更具有去愛、恨的價值吧！也許施明德畢生所追求的是像英雄一般的過程，像他所追求的愛和恨，假如以英雄般的愛和恨去追求愛情，就可看出其愛情故事細微的另一面，可從細微處發現則可更深入生活世界中，支配著世人。

由愛進入恨較為簡單，恨進入愛則較難，甚至根本做不到，為什麼人們總是在追逐愛或追逐恨呢？它們本來就是相伴相生，全看人決定於何種走向。愛恨情仇看起來，是多麼小、也多麼大的一件事情。每一個人一生裡皆有特殊愛和恨的傾向，這不是一個很簡單的兩端觀點，可能是兩組或多元複雜的結構。

舉例而言，一個君王若用愛恨情仇去掌握臣子，則會讓臣子產生特殊的情緒，最簡單的例子：劉備臨終一席話使諸葛亮效忠不移。諸葛亮被那一番話困在蜀中，劉備的兒子因那番話獲得永久保護或豁免權，劉備的兒子是一個該演昏倒都演不出來的人，他憑什麼獲得如此優秀人才的保護？就是靠著他爸爸臨終一番話。意義邏輯為什麼如此運作支配著，包括諸葛亮這樣的優秀華人呢？看來這個愛恨情仇的結構影響力遠比想像中深刻且複雜多。華人社會彷彿被某隻看不見的手反覆操作著。

台灣藍軍、綠軍跟紅軍的愛恨情仇

華人社會的愛恨情仇之表現，最標準的戲碼是台灣的藍軍、綠軍跟台灣的紅軍；紅軍代表無預期的亂數，藍軍和綠軍是固定的兩造政治勢力。藍軍扮演的是百年老店，一個老頭子

帶著老花眼鏡，口中說的是儒家倫理，暗藏各種等級制度，頭非常大、身體非常小，反應很慢。而綠軍就是全身充滿古龍水味道的活力青年，常發散激情，想要發出魅力，但是思考起需要理性的東西時，卻常漏洞百出。兩種角色、兩齣系齣戲被串在一起，生活中有一種無可救藥的兩極在拉扯著台灣人，人似乎很難再接受三端或四端的混戰，也就是國民黨還有一個新黨、親民黨；民進黨有台聯黨，於是台灣社會形成泛藍、泛綠。

　　至少在社會還不夠進化的時候，一切的位置都能如實按劇本演出，觀眾們的預期是這樣，所以觀眾的素養很重要？例如：二〇〇七年高雄的觀眾在市長選舉，就看到兩方的候選人之中一個是會思考的老教授，不打負面選舉；另一個是充滿動感、激情，受過美麗島迫害的大姊大，這兩種性格是否適合執政彷彿不重要，但確實是跟選舉勝負有關係。選舉需要按照欲望需求內涵，於是只要加上一點走路工傳言，可能就使票數就有差距，根本不需要作假，只要操作二元對立就可以操作民眾的的感性、理性，讓人無法用理性來思考群眾運動、用傳統的思維邏輯來思考選舉活動。有一種選舉邏輯輸了是贏，贏了更是贏；一種該死的邏輯贏了是輸，輸了更是輸。

　　政治選舉和戲劇演出之所以引人入勝，甚至把內在畸形勾動了，使得人實現了自己的潛在欲望，於是乃與其共構化了，人與其共同演出。歷史的劇碼為什麼如此吸引人們呢？華人們為什麼總是去緬懷英雄，弔唁悲劇美人呢？是因為華人們與歷史共構化了。華人們內在有某種欲望，與此結構乃是重疊的、是呼應的，華人們總需要弔唁歷史橋段，來讓自我獲得滿足。所以這都是愛恨情仇的部分。下一個華人社會的三十年將繼續上演。

偶然也是必然命定的結構過程

　　華人總是被小兒女戲劇的過程操作著，華人們必須承認從愛的開始，但以恨結束的形式最常發生，能夠從愛的開始到恨、又愛著結束，反覆在愛恨愛恨之中不斷反覆操作，華人歷史的悠久於是總會是個中高手。然而，**情緒本來不是個人所擁有的，而是戲劇本身所造成的，人在戲劇結構中按照結構表現戲劇中的愛恨，而變成可割裂化**，正如同男人和女人，在愛情過程裡面、在社會過程裡面表現，在社會所提供的結構去選擇代表愛情的事物，鮮花、鑽石、現金或旅行支票總有代表一定的意義，人總按照結構做選擇。

　　人內在的欲望被召喚出來，即便自己在現實上生活上不會過度突顯欲望，但仍主動選擇某部戲，會選擇某個角色而參與，只要有它的血液，就被招喚出來。這就是小兒女的愛恨情仇的內在結構，所以結構會因為劇碼而呼喚出現，而人若正在劇碼的附近，則被網羅成為其中觀眾，進而被吸引進去，這不僅是偶然性的邏輯。若沒有正好出現在劇碼的附近？或有必然性的歷史劇場嗎？政治人物的操作在下一個華人社會仍會使偶然性成為必然。

　　英雄與歷史舞台的必然性就是偶然性的邏輯，進入結構之中則是必然。所以必然和偶然為什麼在歷史中有發展支配之爭辯，到底是必然還是偶然？歷史，既是必然也是偶然，但必然似乎是可以創造出來的，只要是有心設計就可以創造出來。如同選舉的群眾的氣氛是可以操作出來的，英雄是可以製造出來的。華人社會的下一場愛恨情仇仍然命定著。

小兒女的愛恨情仇乃是一種命定論，並且具一種決定性的色彩。人們以為自己在選擇對象的時候是一種偶然性的邏輯，總以為選擇的對象是一種偶然性的邏輯。其實是命定性的。有時候必然會被偶然決定，由偶然推出必然。偶然成為命就如同「出師未捷身先死，常使英雄淚滿襟」是一樣的，多少觀眾等著跟他譜出一段戀曲、開創一番事業，突然間，全部都沒戲唱了。歷史偶然，華人們卻經常被這種偶然命定，下一個華人社會還是在結構之中選擇可能選項而已。

意義邏輯影響輸贏的結果與價值

人生總是可有同一種結局不同的結果之選擇。在意義邏輯上，何以打敗仗之所以仍然可以是英雄，跟打了勝仗卻仍是狗熊，真是天壤之別。愛情故事中常見戰勝的將軍贏了江山，搶回美人，但是美人的心竟還心繫敗將，任何一個男人憎恨莫過於此；反觀一敗塗地，身無分文，但美女懸念、愛著他，雖已嫁做人婦依然想盡辦法支援他。這是什麼意義的邏輯？這不過小兒女的愛恨情仇的總和罷了！但卻能有效的吸引華人觀眾，讓華人觀眾反覆投入情感，關鍵不是故事中的人物而是華人觀眾的意識形態。

所以，**選戰的關鍵不是選舉人，而是投票人。因為人們始終站在演出者的邏輯，不是觀看者的邏輯。當有人瞭解了觀看者的邏輯**，受到共同入戲的吸引，掌握所有觀看者的喜好，就能操縱其中的愛恨情仇，愛恨的共同性就會被引導出來。於是擅長經營婚姻的人，不是經營愛情，而是經營生活模式，共同邀請對方入戲。壞情人是給了對方百分之百的物質生活，而對

方卻不愛他；好情人是明明無法提供物質的人，卻讓對方卻死心踏地愛著他；什麼是完美情人？千萬不要誤以為是物質和感情的提供是完美的，完美情人是每一種戲都讓他者入戲的人，也就是在物質匱乏時可以同甘共苦的人。

恨是愛的延續，漠不關心的真正意思是毫無感覺，是遺忘，這當也是恨的表現之一。當人有喜、惡時，就進入了結構之中，也就是入戲了。之所以會喜歡或討厭是因為進入那舞台，才會有喜歡或不喜歡，或產生干擾、歡娛。

觀眾對於選舉人每個動作喜歡或不喜歡，是進入舞台之後被操作，而小兒女的愛恨情仇總是在入戲之後，就被命定地邀請進入某一部戲中生活。人的生命交疊許多戲碼，在這之中產生了許多愛恨情仇，所有的人、事、物都和此戲有關，所以無法單獨看待一件事或物，也無法單獨還原哪一件人、事、物的價值，隨著劇情而給予人、事、物喜或恨，總無法回到最初的印象。

違反一般性邏輯的故事會令人特別地覺得扼腕，歷史的欲望邏輯必然走在歷史的前端，讓人們覺得，按照程序譜出戀曲，總是比較符合劇情發展，而不合乎邏輯的發展，會讓人期待驚喜的出現。

在華人傳統社會中羞於說愛與恨，《臥虎藏龍》之中的秀蓮（楊紫瓊飾）所代表的世界中，背面其實隱藏的是波濤洶湧的情欲，其另一面其實就是追尋浪跡天涯的玉嬌龍。所以秀蓮就是玉嬌龍，玉嬌龍就是秀蓮。傳統主義者內在是在極度地追求例外的浪漫。而這種欲望的外題化將發生在未來三十年的華人各大城市裡。

營造共構、共感情節已成票房保證

　　所以華人社會若還要能夠引起觀眾的共感和感動，演出的政客不能夠迷戀在自己的愛恨結構裡面。如果是成功的演出者，就必須進入對方的愛恨結構，進入觀看者的愛恨結構中，才會精采可期，這也是馬英九一直缺乏的。

　　華人愛恨結構本就是潛藏在人心裡面，而且它未必是人們意識面所具體擁有的，是可被邀請進入舞台之後才會有。換句話說，華人並不知道本來可能會面對這舞台，會出現某種情緒。但導演或編劇者，卻很精準的知道哪一群人會被邀請進入舞台，如何表現情緒，就可以贏得票房與掌聲，這就是充分掌握人性的共感結構。這就足以解釋，為什麼綠軍選舉時，經常有效地獲勝。所謂獲勝不一定是贏家，而是獲得如期所要的票房，原因是可以掌握住這共感結構。而能夠掌握共感結構，但這並不代表有精準的處事邏輯。一般看來，**國民黨擅長處理事務邏輯，民進黨則擅長把握共感結構，而這兩邊，就好像各擁有左腦和右腦，卻在台灣社會合不起來**。也就像好情人與好丈夫常常是兩碼子事。台灣社會未來的發展正是在使二者合一或相遇融合。

歷史是實現群眾的愛恨邏輯的場合

　　歷史在戲台上如實的演出，事實上，秦始皇是聰明且有著許多偉大優點乃至於富國利民的功績，而劉邦則是一個格局狹小的市民莽夫。然而因秦始皇一個錯誤專制的決定——焚書

坑儒，從此秦始皇缺點被放大；劉邦則為另一種例子，缺點被歷史縮小。人們按照歷史給予的橋段去同情及憤恨這些過往人物，所以歷史不足以顯現真理，也沒有按照人們瞭解的理性邏輯演出。至於史學家所寫的歷史，只是史學家自身的價值觀和其知曉或掌握的片面而已。歷史是緊緊跟欲望連結在一起的，跟真理沒有關係。

華人社會知識分子常常會預設現實會按照真理方向邏輯去行走，結果常常事與願違。因為現實是按照欲望的愛恨結構走，也就是按照劇場、觀眾的效應來發展。所以劇場效應就沒有一定的規則，而是為了現實當時的欲望結構來決定。因此每一個舞台的效應與歷史的現場，都有一個具體的欲望實現在後面操作著，這是一隻看不見的黑手。所以企圖想要在歷史尋找規律，完全是錯誤的方式。人的愛恨結構特質不會依照規律，也不會按照邏輯法則出現，而必是按照結構中的特性呈現。

小兒女的愛恨情仇才是決定歷史的關鍵

無疑地，許多的歷史的關鍵事件並不是由小兒女所演出的，但另一方面卻也可說每一個人都是小兒女，只是正好站上了某個位置，乃就成了關鍵的愛恨情仇的主要表現者。包括了江青、毛澤東都是如此。一切的愛恨情仇的結構就會如實的在那個劇場裡面演出。華人們真的沒有辦法跳脫嗎？總會跳脫後又陷入了另一個愛恨情仇嗎？所以，熱衷於戲劇，熱衷於別人跟自己共同演出，就當然還是一種愛恨情仇。只要還在演出之中，就沒有什麼跳脫不跳脫，就永遠是在結構裡面翻轉而已，除非成為幕後工作者。幕後工作者就是寫劇本的人。這四種情

緒裡面，表面上恨跟愁大概是世人都不喜歡的，但如果大家不喜歡的話，如何會使得悲劇總是熱門呢？可是，當事人呢？下一個華人社會的當事人還要承受著如此的愛與恨嗎？

但在此筆者提醒大家，當事人常常是不重要的，觀眾才是重要，觀眾希望主角演悲劇，即會上演。悲劇眾人喜歡看，世人對悲劇有反應、有感應、有同構性。大家都希望蘇東坡被貶，因為他太有才華了。民眾批判連戰的富有，來安慰自己的不平衡、不甘心。所以許多的悲劇英雄就因其不瞭解觀眾心理，不瞭解導演為什麼會導這齣戲跳離結構化的人，事實上是又跳入了另一個結構群裡面。每一個舞台都是結構的。

時時刻刻都在面對觀眾的舞台

舞台的關鍵是觀眾，沒有觀眾的舞台就不叫舞台，而信徒也是觀眾，票友也是觀眾，膜拜者當然是觀眾，選民也是觀眾。凡是沒有觀眾，就不是舞台，就可以不結構化。所以人不可能完全處於無觀眾狀態，只可能片刻的無觀眾，所以人們都希望能有片刻寧靜，或片刻無觀眾化的狀態，因為人需要脫下戲服。人不能總是在演出中，只有極少數人可以總是在演出。但晚期資本社會華人城市已開始進入到連臥房睡眠或夫妻兒女相處都在演出了。

《楚門的世界》這部電影告訴人們：有人幾乎是一輩子被鏡頭時時對著，特別是在資本主義中，人們無時無刻自我觀眾化，不斷地按照廣告、資本家、商品經濟的方式在演出。如果沒有過深的資本化，有人可以不過這種生活，人仍可以經常的享受片刻的寧靜，毫無戲服的狀態。如同自閉症者就屬於一個

沒有觀眾的舞台的狀況，因為不用在人的前面去扮演別人所在乎的角色，也就沒有觀眾的存在。自閉症可以選擇一個不意識觀眾的狀態，來自在且自為的活著。但自閉症者的大腦就像是電線短路，醫生必須要設法把其維修好。

正義是必要的，但不可過度操弄

執法、檢調、警察、公道伯、里長和事佬等，都是典型的維持劇場倫理者，而法律、教條、習慣法等，都是劇場倫理的一部分。人們為什麼想要維持劇場倫理？並需要正義的遊戲呢？這是這群人共同所組成、制定的愛恨情結構所擬出的一個標準，由誰去違反這個結構，就會破壞舞台上的劇場道德，所以劇場道德乃有高度的規範性，並須制定出所有人可接受的合理規範，以維持劇場的和諧與穩定，安穩每個演員的心中問題。

每個民族、每個社群都有內部的正義，卻不一定放諸四海皆準。雖然人們大多同意正義是一個社會的首要價值，可是並不知道正義的內容是什麼，人們只是追求正義的表面概念。然而這個首要價值經常是與社會、社群、文化，甚至是個人喜好的不同而不同。舉一個簡單的例子，台獨大老說，本土政權執政就是最高的價值與道德。顯然其社會定義，就和追尋普世正義追尋者的定義是不一樣的。而追求普世的普世者，也就不普世了。所以普世原來也只是愛恨結構裡面的一環。

正義的確在華人社會中是一個遊戲，正義缺乏組織內容，正義是個高度精神性的劇場，未來仍只是劇場嗎啡，大家總是需要正義。當正義現身的時候，群眾都對之叫好，這是因為有

人違反劇場道德，正義宛如是一種嗎啡。但各毒品都只能適可而止，正義的遊戲不能過度的被使用，以正義的遊戲作為愛恨結構的角色扮演，若操之過度者，就會沒有票房，所以這種方式僅能偶爾用之。如同江湖奇俠──風清揚，如果太常出場於劇中，神祕感就會消失；又如獨孤求敗只能偶爾在高手過招的場合中出現否則獨孤求敗的價值就會淪陷、瓦解。

　　所以正義的吞食是必要的，嗎啡的需求也是必要的，但絕對不能過度使用，要知道正確使用，該進場的時候才進場，並且總要在觀眾感覺還不太滿足時就退場，如此才能夠獲得掌聲。如果注射過度，毒品乃會失效，也就會轉而成為抗生素或萬古黴素。正義的有效性一旦消失，只好容忍劇場的叢林游擊戰到來，使得整個劇場的愛恨結構變得非常零碎，一直到所有的觀眾疲憊了，就開始尋求重整。這時會重新出現新的標準正義渴望。這在台灣社會未來三十年中會持續發展著。

　　現場同步演出的劇場是一種結構，而記憶中的結構是另一種劇場。人們的記憶中需要一種寧靜、莊嚴的典範，並給予過往者較良好的定位、較高的評價。正如：當前法務部長陳定南過世時，人們會去回憶其過往的功績，形塑其美好的印象。人們可以不斷重新塑造新的記憶，所以新時代的記憶劇場裡面總可以再重新定格一次，重新消費一次。**歷史的記憶永遠可以被在每一個時代裡面重新消費、重新在記憶，並重新追溯許多歷史人物的地位。**正義在歷史的劇場中，也被重新的定位或是操弄。而歷史的劇場中，也會有正義嗎啡利用過度的現象，也會有萬古黴素被使用過度的現象，如此一來，劇場就會變成是一個混亂的劇場。而這也正是台灣的二十一世紀初期狀態。

超越！解構愛恨情仇的民族性

　　華人們無法同時接受二元對立的兩端看法，這是人的脆弱本性。就如同人若極愛一個小孩，他卻做了讓你極氣憤的事情，非得要親手打他，疼痛的感覺和極愛的感覺即會互相拉扯，如同刀割一般。就像藍跟綠二元對立，人若無法選擇，看不透現實，就可能會得焦慮症、恐慌症、歇斯底里，精神疾病在二元對立的緊張過程中產生。如同因為入戲太深而患病者一樣，未來華人社會在此種病患的數量將持續上升。

　　因此在此精神醫學又可進場，從人的精神向度來說，人沒辦法承受過度的紛亂、壓力或衝擊，一旦負擔過度，就會產生各種的精神疾病。在歷史中，當然也曾經出現過百毒不侵者，曾經歷過各種壓力和疾病的考驗，但這是非常困難的，有時還需要以藥物來協助，並且注重自身的休閒和療養。所以**劇場裡面有一個重要的道德──「休息」**。這也是鄧小平與華人社會的最佳禮物。

　　在《暗戀桃花源》舞台劇中，有句台詞是**「深呼吸、放輕鬆」**；「放輕鬆」代表著「休息」，劇場表演有一個休息時段的需求和重要；休息片刻不做任何的觀看和演出，不做任何的消費。觀看其實就是一個消費，也不做任何的回憶或再現。休息是如此的重要，否則精神向度將難以忍受，不管是在夢中或在回憶之中，人在現實意識的承受力永遠是有限的。

　　不管男性或女性、小孩、老人或中年人，總是可以在所屬的性別或年齡層裡，愛恨情仇做出幾大項的類別，人類的確在愛恨情仇中有共構現象，這種共構現象不代表同性質，而是

代表在共構的基礎上是可以被類型化的，而以類型化所羅列的百分比達99%以上，當然會因文化不同而重新作一個文化上的歸類，可是只要在同一個社群，其歸類的有效性就可達99%以上，只要把文化環境因素加入其中，重新作一次歸類和調查或者分類，人類的共通性就會出現。華人社會的共構只要被政治人物把握，其社會就會再被操作或反操作。

人類進入城邦社會，進入定居生活以後，只要是有結構化的生活就會有結構化的情緒，所以人們很多的焦慮也被結構化。於是人們想超越愛恨情仇，就要超越結構化，否則從細微到巨大的愛恨情仇都將被共構所決定，大到政治國家，小到喝一杯飲料、舉手投足，而華人下一個社會仍會在結構中。

現今的社會，各種壓力牢牢的抓住人們一輩子，它比偉大的愛情還來得重要。看起來更微細、更無厘頭，可是卻更為重要，在生與死之間一再被發現。人們常看到兩個是極端或甚至對立的東西完全無法搭配，甚至中間有亂數存在，介乎其中，都可找到共構，而那個共構未必是一個對稱關係，它是一個交互屬性，它彼此會流竄，這就是所謂的共構。別把共構想太死，而只認為是一種二元對立關係，它可能是一種重疊性，一個交流性，甚至是一種必然性的對話。下一個華人社會這種對話只會持續，不會減少了。

預測九：面對危機與競爭，由「熟悉範圍」中解套

　　華人們目前存在著許多困境式的欲望，仔細觀察即會發現當其面對危機、競爭時所表現出的反應方式，皆與華人民族性格有關。**面對挑戰困境，華人性格中總會產生挑戰的欲望，這種欲望一直咬著華人的心理而交互反應。**它的關係不一定是單一或水平進行，可能是立體的或歷史的延伸關係發展著。解開它並不如想像的那麼簡單，卻是回應下一個華人社會的關鍵。

辨識危機就是危機意識

　　所謂的危機就是挫折的不通過，辨識危機就是危機意識，孔子時就有著文明存在的危機意識──擔心夷狄。夷狄一旦攻破中原，將會中原的祖先系統就會瓦解，靈魂就無法安位，華人擔憂建構出來的祖先靈魂系統被摧毀，是不可想像的混亂，所以孔子有了危機意識，擔心文明垮掉。由此可知是否勇於接受危機意識挑戰，在華人歷史性格上的表現是截然不同於其他民族的。整個公司、整個家、整個局面，若沒有一個人頂著該承擔事物或關鍵的環節上，則文明的發展就會全然不同，例如：秦始皇、岳飛、雍正。

　　當今華人社會上很多人缺乏危機處理反應的能力。而缺乏危機意識則就會形成一個容易被擊垮的焦點。請特別注意一個

白手起家的人，他一定有某種特別的能力。相反的，若總是過著安逸生活，不需要隨時備戰、處理危機者，其內在必缺乏對應機制。

歷史總是一樣的，有著興盛危機，一個歷史文明能不斷地興盛，在於它能否不斷地解決危機。若某文明無法解決危機或歷史文明本身未能回應挑戰，則存在危機；長期沒有危機的文明，一旦出狀況就可能被消滅。如人的身體，如果都不感冒是有問題的。

世間是各路人馬的在場，每一種判斷標準都會發展出不同的歷史格局，到底誰能去做較優勢的轉境，在華人的英雄世界中。要看大環境中，一般看不到的很多條件，如子女的條件、資金的條件、能力與環境關係的條件、身體適應能力的條件。例如無法適應湖南（吃辣）與東北（太冷）。華人社會的下一場大戲在於誰掌中，關鍵是誰掌握了優勢的環境的要件，誰就具有主導權。

性格缺乏競爭要素則必然會缺乏競爭力

性格裡面有無競爭要素，面對命運的發展及反應上必有差距。從自由主義來說，面對競爭一定是好的，並且也沒有過度競爭這回事，只有面對競爭！很多家長由於愛子女，會使子女處於不競爭的狀態。但不競爭是不可能的，至少要有反競爭機制，且在反競爭機制裡要有研發競爭的能力，否則永遠經不起挑戰；甚至厭倦競爭。當然在華人社會中，最好練到任何競爭都可以面對，使得每個競爭都可以輕鬆度過。

關於競爭這件事裡總有一隻看不見的手在後面操作。什麼

是看不見的手？這是指華人世界的自然規律，也可以說是命運。自然規律就會使人競爭挑戰，即所謂「物競天擇」規律。生物本來就要面對競爭，物競天擇就是命運裡看不見的事。假如用人為力量把競爭減少，甚至減緩競爭，是不是一件好事？

　　性格裡面缺乏競要素必然會缺乏競爭力，也就缺乏生存能力。相對會產生的狀態：安逸。安逸則會產生不安。中國大陸社會很難想像減少人為的安逸狀態就會不安。但在台灣社會中的安逸和不安終究已導出恐慌、恐懼。但如用老莊的恬淡虛無，勸人少競爭態度，並不代表面對世間可以缺乏競爭力，而只是把老莊作為一種治療學上的態度而已。

　　競爭是一種能力，面對世間的挑戰，競爭不是強奪。競爭總是不斷地面對生命中的挑戰，戰勝難關。莊子的「材」與「不材」就是非常好的策略。這棵樹會被砍掉是因為材，這隻雞會被殺掉是因為不材；那為何材與不材都會被砍殺呢？所以要處在材與不材之間。當「材」會被砍殺，那麼就「不材」。當「不材」會被砍殺，那麼就「材」。要有高度的競爭力才能處於材與不材間。隨時能漂移，而且很精準，否則該「材」時「不材」；該「不材」是「材」。要在高度競爭的華人社會中優勢存在，就要能處於「材與不材」。

　　該升官才升官，不該升官不要升官。如果無法通過競爭，就會產生恐懼，恐懼必帶來長期的壓力，缺乏競爭訓練就有一個不知名的壓力存在，抗壓性低就是這樣來的。一連串情緒的連鎖反應，抗壓力差者容易形成破碎的人生，人格容易形成破碎狀態。**完整的人格最先的成因是要具有競爭力，並有一定程度的想像力**，這是連在一起的，競爭務必要發揮想像力、創造力。競爭力的延伸就是爆發力，因為要越過競爭則需要爆發

力，而在性格反應原理中則有些是屬於延伸的力量；有的是對稱的力量；有的是絕對的力量；有的屬於滲透的力量。

一事件發生以後何以會對人產生某種衝擊？有的巨大，有的微小，其中有沒有一個共同的原理？沒有共同的事況，或確有共同的原理。一定是有什麼原因，社會才會產生衝擊，這與整個認知結構有關。衝擊是因非熟悉範圍而發生。就算熟悉了，但進來的力道卻仍不熟悉的話，則又會發生衝擊。這一拳打下去，熟悉的這是一拳，但它的力道不熟悉，打太大力到不是熟悉範圍時就承受不住了。衝擊的發生總是與原有認知違背的，是不熟悉的，是難以承受的。華人社會的問題是下一場次會有不熟悉的力道嗎？

要減緩衝擊就要柔化改變

許多修行派別，喜歡用重大的衝擊方式來改變修行者或信徒使人們的生活產生巨大的改變。會把人硬扭過來，如迫使吃素，要使按其方式修行，例如：每月一次禪七或捐款，或者在參禪的過程用很激烈的方式當場棒喝（雲門、臨濟）。這種衝擊很大的方式，經過歷史的改變，漸漸所為世人不能接受。舊有的、老式的華人社會自我挑戰衝擊方式，大家已不接受，但新的方式大家仍會因好奇，而可能暫時接受。漸漸的大家趨向喜歡柔軟的方式，它是人性所必然。因為衝擊會對人類產生毀滅性的效果，或者是想像不到的損害。所以要減小衝擊，使之產生柔化質變，成為了華人社會發展上的一個趨勢。

人們常常必須要面對衝擊，但是無法接受過大的衝擊，因為瞬間瓦解內在結構需要消耗太大的能量，要重新修復需要很

大的能量。內部系統的瓦解不是每個人都能承受的，人生的每一個階段對於可承受衝擊的程度有所不同。很多的哲學家第一次爆發的結晶都在三十七到三十八歲，孔子的四十不惑，就是處於這個時候，而第一次的結晶，在三十而立上而言則只是一個志向確立罷了。一旦人們在形成一個結晶以後，後面再接受衝擊就不容易了，社會結構亦然。

哲學家在第一次結晶以後，經常無法再超越，其後的成就者只是在此一成就的後面再發展，其實是不能夠再接受衝擊了。人可以不可以脫離這個宿命？把舊的瓦解再重新建立？這是可以的，但卻會是一個很耗大、費力的工程。

瓦解以後無法重構叫傾倒。斷簷殘壁也是一種存在，很多社會中的存在是短路的狀態，亦或有些局部重構的時間需比較長的時間，最後還是會修復起來，主體感即可能可以重建。

由於人們在遇到巨大衝擊時，會產生空白感，空白感有一個時間的停留。無法回應，即是內部系統運作得很慢，它無法回應。中央處理器來不及處理，想要減少空白，中央處理器就必須要升級。台灣社會在二十一世紀的轉型中就處於此一空白反應狀態的一部分。

此需處於一個經常接受試煉、衝擊、反覆的鍛鍊之下才能迅速回應。人腦中的阿賴耶識區就是此一中央處理器。阿賴耶識主控著自由意志，使得人能很快的發號施令，調度整個腦區與靈魂內部來回應。調度能力來自於阿賴耶識裡面的自由意志主導，它要迅速傳導很多指令出去，而且指令要正確，自由意志發號施令，給各個腦區，由各個腦區再提供正確的操作程序。

阿賴耶識裡面的自由意志要達到完全自由，不受到意識形

態的限制，也就能回應一切社會的程式，這個程式能夠化解一切。**人們因都會受制於經驗法則，使得阿賴耶識在回應時太僵化、自由意志不夠自主、回應太格式化、模式化。**如同服務的電話回應，它被設定非常標準化，在標準化內它會作答，超出標準化它就不會回應，標準化是非人化、非自由化，它總是有一套程式在運作著。在這程式裡不用人而代替以機器，不要自由意志，只要不斷地被輸入。

衝擊所造成的空白是阿賴耶識與大腦的連繫無法回應或有限的反應。於是就進入暫停回應或是停機狀態。考試時有可能是這種狀態，也許90%可以回應，10%受到震撼。於是影響到90%的回應。但發生空白狀態過後，怎樣才能甦醒？企業體、生命體、華人社會受到打擊都需要復甦。有的承受打擊很弱，像植物沒有澆水可能就不行了。過度受保護的小孩承受打擊弱，復甦能力也弱，承受打擊強，復甦能力也強，可很快的重新面對問題來研發，回應的方式。

受到的衝擊如果大到內部結構承受的極限，會形成自我保護、成為禁閉狀態。精神疾病經常是這樣發生的，華人社會的精神疾病的來源亦由於此。當衝擊力量太大時，社會中間的連繫被止斷了，而形成斷路狀態；衝擊即會造成內部電路，澈底被摧毀掉，呈中斷狀態。而所謂的修補是生理上級社會結構上的需要修補，包括失憶症，暫時遺忘，也就是如同在電路上需要被修補的一段。

對於社會的修復是越快越好，越慢越不好修復，有時候歷史創傷，原本其實是很淺的。社會總有衝擊？文明的衝擊很可能造成歷史的創傷，未必有恢復，這個創傷一旦未恢復，就變成了固定的情結或傷口，只要它被啟動就「當機」了，或者就

失控，或者叫亂碼，例如：二二八事件。社會中亦可能有許多
創傷遺憾、有人遺憾一啟動就陷入沉思，是緩慢的當機狀態，
或是進入暖機狀態。創意力正好是克服這些創傷遺憾。

　　社會復甦總有一個比較完整的機制：如回應衝擊，或者叫
東山再起，例如一九七八年的中國，回應衝擊的復甦必定是正
面的，在創意發展則是重要的，是使衝擊被經過，使之通過考
驗。所有創意都有歷劫的必要，都有為社會經歷關卡的必要。

　　陳水扁的回應衝擊方式，常讓許多人十分佩服，有幾萬人
到總統府遊行抗議，要他下台，但是他仍然安然坐在總統大位
上，足以見得其強大的生存力，像隻打不死的蟑螂。同樣的情
況，馬英九卻回應不當於特支費。堅強的生存意志非常重要，
關於到是否能夠有效的、安全的度過衝擊。人們有些價值觀或
情結是反生存的；過度強調面子、尊嚴，或是用過多的道德格
律把人框住，使人的生存意志就無法發揮。所以求生意志是首
要因素，搭配的項目不能以反生存的格律把自己框限住。項羽
失敗在那一句話：「無顏見江東父老」：反生存規律。雖陳水
扁在遇到危難時，也常回到老家，但其完全不同於項羽的心
態。歷史上臉皮薄的似乎都沒有什麼好下場。諸葛亮因劉備的
一句話就終身奉行，這是怎樣的一種道德戒律呢？人們長期受
到制約，大腦下了指令，**人就總以為應該要照制約規則進行，
如果不按規則就受到衝擊。而華人社會的生存規則卻似乎是反
向而行的。**

　　歷史是欲望的實現之現場，不要以為歷史是課本上的樣
本。歷史既然是欲望實現的現場，就不能否定任何一個現場都
會有肉搏戰的局面，任何時代都有肉搏戰的局面，人們會遇到
以道德律而生存的表現，則不代表整個世界皆然。人們遇到衝

擊時，生存意志常常受到干擾，正因為受到太多不正當的格律自我框住了，如馬英九，是個法匠，用沒有進入生存法則的黨主席意志在思考，卻只在想法律是什麼。如果紅衫軍是民進黨的抗議活動，或許早就衝進總統府了。毫無疑問的，他不是在扮演反對黨，也不適合做反對黨黨主席。國民黨培養了太多這樣的紳士。

華人社會秩序要被破壞很快，要建立卻很慢，重建過程中不要擔心道德的問題，太強調道德是內在一種很強的情操的需求欲望而已。人們要想一想到底什麼把自己牽絆住，使得自己生存意志不夠，造成了回應上有困難，施明德老了回應不來了，看他在「天下圍攻」時，不攻總統府，而只攻百貨公司。這有什麼作用呢？只證明他老了無法做有效判斷，也證明陳水扁在生存競爭上的勝利。

在生存競爭上沒有對手的果敢，就輸了。怕燒、怕痛、怕受傷，一定輸。這都是給吾人很好的教材。施明德曾經是革命老手，老化以後面對競爭即回應不來。馬英九被道德教修法令綁住了，回應更是莫名其妙。陳水扁完全沒有這些侷限，他的原則很簡單，只有求生存。所以陳水扁的回應每一項都可以恰到好處，在求生存的時候，他的指令總是靈光的，事件過後，大家又回到他身邊，好像那件事情沒有發生過，權力仍是那麼穩固，對手又要如何？

人們可以考慮碰到事情先放鬆，重新啟動，再開機。放鬆之下至少可以減少情緒的干擾，同時也加強意志的應用，可以減少世間格律規範的干擾。假如想要抵抗的障礙是家庭的倫理，則必須在精力充沛、意志力旺盛時才有辦法應付。這是人體的自然機制，沒辦法就是沒辦法。這就說明**人們的情緒原來**

是被塑造的，所有的回應衝擊會出現問題乃因為塑造的情緒模式。人們被塑造一夫一妻的情緒；如愛人要屬於自己的情緒；有貞操的情緒；看到另一半與別人在一起，全身不對勁的情緒皆為其屬。連這樣的舉例世人也覺得不對勁？或就是不對勁！或想都不敢去想這件事，或覺得怎麼能對勁？這就是證明自己已被塑造了，人們甚至被塑造了各種行為模式。東方人被塑造的過程與西方人不一樣。如打招呼，華人們不會擁抱或親吻，西方人是另外一種情感方式，而華人的情感方式是非常含蓄的。華人們以為情人應該如何進行之間的相處模式，但不是一開始就有這套模式的。各套情感模式都是被歷史塑造出來的。

不能作出錯誤的關鍵判斷

　　在瞬間事件裡面，領導人要怎樣做出果決判斷？或想到怎樣的創意，卻是要長期的累積與練習的。甚至是累世的練習於阿賴耶識之中，所有的創意推動是來自於阿賴耶識的自由意志和直觀能力。這兩個能力不是一朝一夕或一輩子就可以鍛鍊出來的，許多是來自於累世的鍛鍊。歷史文明的創意也是累世的鍛鍊。

　　為何要強調關鍵判斷？因為關鍵判斷不能錯誤，也不能作第二選項決定。因為這樣的決定以後對於影響後來是深遠的。首先要瞭解可能會遇到那些問題，平常就要判斷和練習，為遇到關鍵問題時作抉擇而準備，最好的辦法是不斷地交互討論，一旦關鍵點出現的時候，才能清楚。一生的關鍵判斷不會超過三十個，包括要不要結婚、生孩子、要不要買房子，結婚對象等，每一個都要審慎思考。一個社會在一年中重要的判斷也不

會有一百個，下一個華人社會的領導者準備好你的判斷了嗎？

獨斷的判斷方式造成重複錯誤

　　華人常會陷於獨斷的判斷方式，「我認為這樣最好」。這個「我認為」是自己的思考範疇，它其實常常是不開放的，換句話說：**如果判斷是缺乏反省體系，那再三思考乃是無效**。所以務必要建立反省機制。問題是人要建立自我反省機制是多麼的不容易。這個反省包括反省錯誤及認錯的能力。有很高的比率的華人領導者是缺乏反省能力，缺乏認錯的能力，總是說都是別人的錯。承認錯誤不是用來懲罰自己，而是用來使得自己的求生能力更強，如果承認錯誤是用來懲罰自己，那傷害更大。但如果不斷地責備自己，則又會陷入悲傷的循環。

　　每個歷史社會都有一條重複錯誤之路。為什麼會重複錯誤？獨特的重複錯誤之路是怎麼形成的？每個社群大腦所形成的認知環境與大腦思維習慣形成皆有差異，每一個人都有獨一無二的身體，獨一無二的大腦認知環境，這個認知環境包含著獨特的情結。每個人身上都有幾千個情結，即佛教所指的業障，而且很難化解掉。所以錯誤也就會按照這獨特的情結、環境及身體的關係不斷地反覆。這不斷地反覆表面看起來是一樣的，其實是有差異的，隨著年齡、身體的老化會有所不同，但是仍可看到重複的軌跡、類型。真正造成錯誤的重複是因為情結，因為認知結構遇上不同的情結，會讀出不同的內容。同樣是受小學教育，知識含量應該差不多，為何A、B的錯誤不會一樣？所以真正指導錯誤的重複應該是情結而不是認知的結構。華人如何去去除獨特的民族情節呢？

　　認知結構的地位總是承載情結，而去產生各種作用。所以認知結構是配角，沒有配角錯誤的重複，也不會產生各種事件。舉例如：這個人的認知程度無法認知地震，其認知是地牛翻身，所以就有地牛翻身的認知來搭配情結所產生的錯誤。又例如：一個人認知女人的角色是要服從，才會有受家暴而默默承受。如認知到家暴是不可服從的，就不會去配合接受家暴。

　　許多女性反覆嫁不同的先生，可是遭遇是一樣的，是何種緣故呢？華人社會也有此一說，如同這樣的女性會招引同類型的男人。她會遭到家暴是她的情結總是這樣的展開，就會引起男仕同類型的反應。這種情結下喜歡的男仕會是固定的男仕。這就形成命運的循環。命運的循環幾乎沒有窗口去改變，除非改變情結。華人社會命運的反覆也來自於此。

命運的循環

　　整個華人的社會歷史不管古代、現代，皆會面對全世界的歷史，其中總有些是相當類似的重複情節。例如：當國家弱時就喜歡閉關自守，就不想開放、不和親，國家強時反而喜歡和親。因為弱時強調尊嚴，人強時尊嚴不太重要。這裡面乃是有著華人固定的反應，如弱時就自卑，於是歷史有著宿命。

　　以人來說，賭博、吸毒、酗酒、暴力，特別是欲望之路最容易反覆，重複錯誤會造成新的「熟悉範圍」，華人在「熟悉範圍」內重複的發展，按熟悉的道路在發展。發展出其不熟悉的錯誤。這句話不好理解：其在「熟悉範圍」內做真正不熟悉的事情，因而導致真正的錯誤。華人社會現正在熟悉範圍中做不熟悉的事。

　　如社會中一旦人多，就有集體行動的錯誤。集體行動智商會降到十三歲左右，因為彼此相處要保持一種熱情、興奮，理智就下降了，行動邏輯會按某低層次的難度前進。集體行動、情結的展開，也就會按照民族的集體潛意識在發展，民族集體潛意識更難解脫的。台灣這幾十年來一直有著二二八情結。這種情結不是說甩就可以甩得掉的。只要一進入集體行動就可以啟動二二八情結。每次選舉一進入集體行動，就會集體啟動，一啟動就可以確定選票，就可操控民意，綠營一進入選舉就生龍活虎，對於啟動情結是他們的專長。這些都是形成被內部指令扣住，形成其情感發展方式，當然它也會扣住那個社群，這個社群就會有它的情感啟動方式。一個社群有正確或錯誤的集體行動邏輯，一個民族也是一樣，因此就會有歷史的命運。

　　所以華人的命運更多而不是推背圖、燒餅歌、紫微斗數可以去計算的，華人世界裡面會出現的，所以熟悉範圍是如此的複雜、抽象之因素所構成的。由於情結某個瞬間啟動就使社會能力下降了。真正作正確的判斷能力也下降了，甚至歸零。紅衫軍之中一定有著很英明的策略高手，為何只能集體去包圍百貨公司呢？

　　人本來就有追求幸福的權利，人的存在不應被別人決定，自己的存在模式為什麼要被別人、被周邊環境決定，這些都要看看自己有沒有自覺能力。例如：中國媳婦常常被反覆的煎熬；被長輩煎熬、被子女煎熬、被孫子煎熬，接下來下輩子又反覆的命運，重複錯誤的軌跡。華人被結構決定的社會仍會繼續。

　　以自我的情感方式作判斷，當然經常會犯錯，即使同一民族，一樣也經常會犯錯。每一個家庭都有自己的生活模式，

成為別人不熟悉的，它其實是不容易打破的，不管喜不喜歡，它總已經運作很久了，有許多領導人異想天開的想自然地去改變他者社群，尤其是自己的學生、子女、會認為他應該這樣會更好，也許真的會更好。可是一旦去打破它的行為形式，不管做得對或不對，一件事情不熟悉它，妄想去改變它，一定出問題。舉例來說：六四天安門事件時，有人問老布希對中國以後發展的看法。老布希說：**請看看中國的歷史，沒有一個外人能預測中國歷史**。這是智慧的話語。當時很多人士認為六四總會有平反的一天，但現在即使六四沒有平反，但是經濟如此地發展，人民似乎不再想平反的事情。可見透過西歐或北美等民主國家的觀點去預測中國社會，乃會有所出入。華人社會結構可以輕易打破嗎？

　　藍綠營也常常預測出錯誤的結果，這也是因為沒有進入對方的結構形式去思考。而要進入對方的情感形式，其實需要另一種智慧，而不是理性就可以理解。它是大腦裡面一項可開發的能力，類似情緒諮商才能夠真正的瞭解。它是一門深奧的學問，也可說是熟悉範圍中的一項。

　　人們對於環境中的「熟悉範圍」到底可以有多大？即使是生活周遭的事件，常被認為只是小事而不在乎，或對周圍事情視而不見，不想解決問題，就不會熟悉了。例如：住家社區中的水溝；即使每天都要經過的水溝，但是如果沒有特別注意，一般人不會去看水溝的設計如何、是否有淤積，於是也就不會形成自我的熟悉範圍。所以，人們要開始檢查對周邊的事情哪些是視而不見的？會視而不見的原因是什麼？是無明、黑暗，或是假裝不知道，或是沒有勇氣面對。下一個華人社會的轉型正是要去明瞭什麼是領導者的熟悉範圍。

　　哪些事情是需要熟悉的？或有助於人生境界？或有突破？包括：空間、時間（環境）、身體、符號、工具、心理、語言、靈界、宇宙、政府、公共領域、文字、地球、情感形式等，牽涉的範圍十分廣泛，無所不包，因為社會的形成是多元立體的。

　　人們對都市道路都有一定程度的熟悉，都有一定程度是非背書式的發展與非原理性的掌控。只要能支配這個空間就足夠了，若太多則又會妨礙大腦運作了。所以人們對於道路、商店各種公共空間，表面上的確應該要熟悉及掌握它；例如：在一條路上熟悉要在哪裡可以找到住所？哪裡可以找到喝下午茶的地方？當家人三更半夜需要看醫生時該怎麼辦？這都是熟悉空間的範圍。而且不僅要知道哪裡為自己的熟悉範圍，而且還要知道哪些範圍是自己不熟悉的。

　　在空間上是這樣，在人事上亦然，例如：一戶人家要種樹、美化庭院，要種什麼樹對這戶人家最為適當？不要太多的落葉、較陽光性，在哪些氣候時，花會開得漂亮等，都可能是要這家人要去熟悉的範圍。華人社會要開出美好的未來在下一個三十年，現在就應該仔細思考該種些什麼？

　　熟悉範圍可分：直覺性、分析性、專業性等多層次的熟悉。大腦對空間的掌握能力越高代表了境界的呈現。大腦對空間的掌握越好，一定是可以去開發境界的。人不可能熟悉所有的範圍，而不熟悉的原因可能是自我封閉所造成的。人重要的是要能打破自我封閉，成為可接受各種不同的角色，但不一定也不可能完全都懂得萬事萬物。

　　若熟悉了甲地街道，就可能會去熟悉拒絕乙地街道。如果願意去接受各種不一樣的狀態，就沒有無門的問題，無門是因

為不敢去，恐懼、抗拒。這樣與熟悉、不熟悉是沒有絕對的關係，是抗拒熟悉，抗拒接受，抗拒認知。華社會的轉型關鍵正在如何導向不熟悉的世界，使之終而熟悉。

熟悉範圍首要在辨識自己

熟悉範圍即是要辨識自己，認識自己的熟悉是否不夠熟，或是抗拒的不願跨越過歷史。要認清是怎樣的熟悉，哪一種熟悉會影響自我的成長。這時就要提出判斷原則。人們常常不按判斷原則做事情，而是按情緒做事情。華人真的熟悉自己的歷史錯誤嗎？

也許華人有獨特判斷原則，但不夠完整，又缺乏自我檢查機制，就會與情緒原則混為使用。例如對政治都有一定的判斷原則，可是不一定完整，當在論述一件政治事件或政治人物時，常常超出判斷原則，而只會堅持自己所說出的內容，這內容就有很多的情緒內在於藍綠兩黨的政治人物中，在這裡面政治領導人總覺得自己是熟悉，其實只是情緒性熟悉，非真正的熟悉。

我們常常犯這種錯，又以為這無關痛癢。可是它不斷地存在，重點不在於這件事，重點在於判定依然不確明析。若人們卻又不去修正，不把情結因素排出，若是則華人社會的進步必有瓶頸。

如很多宜蘭人對於自己的鄉土有很高的榮耀感，這種榮耀感會加入自己很多的情感，替宜蘭說，宜蘭是如何如何……這種情況不代表別的地方沒有，只是這裡的比例比較高。它總會論及自己特別榮耀感的那一部分，這即是情感意識作用。

　　這種情感意識要怎麼移除呢？有時候是慣性使用情感在操作熟悉範圍，而不是理性判斷，人們也常不加以自我反省。所以，華人們應該要趕快跳出這個熟悉範圍，否則會陷入錯誤的熟悉範圍。

　　熟悉範圍當然也包括數字，原住民對於30,000以上的數字常不大有概念，很多人對於祖父以上的長輩沒有概念，當然也是不熟悉。但以一位股票分析師，對數字是非常敏感。

　　不熟悉會出現問題，熟悉也可能會出現問題。這不是要神經過敏，而是凡在熟悉範圍出問題一定有必然的原因。在工作裡不應該出問題而出問題，到底為什麼？可能可以得出一些原由，有人因處理人事很煩，正是這個問題。在熟悉的事情出問題，可能是熟悉有限，事件一旦與自己的熟悉不合就出狀況。但社會、生活上很多事情都可能有突發狀況。因此有限是必然，認識有限是未來華人社會的重要課題。

熟悉範圍的手邊性工具

　　人們應該對手邊性工具作反省（手邊性工具包括可拿得到的與看不到的）。一位營造商在一個區域內，他可調度的工匠也是他的手邊性工具，跨過這個區域就不是了。就調度能力而言，這個調度能力也是他的手邊性工具，他到哪裡都有能力調度，以這個能力原則去使用。如果這個調度能力是有限的話，那麼到別的區域使用就可能會出現問題。

　　所以要隨時回頭檢查手邊性工具是否真正的靈光，領導人可能常常因為手邊工具不靈光而出現錯誤，卻自認為在社會調度上久了、已熟悉了，就忽略了。這原理到別的地方也一樣，

永遠不動的原則就不是真正的手邊性工具，這種熟悉是表面的、有極限的、是區域的。

人經常就失敗在這種地方，即是熟悉範圍會突然消失，因為滄海桑田、物換星移、人事會變。在熟悉範圍未消失之前，人會誤判並且繼續熟悉下去。千萬不要固執的以為手邊性工具可以永遠繼續被使用。

「熟悉範圍」無所不在

無所不在的問題是在於人們誤判以為熟悉，因為熟悉可能是假性熟悉。慣用熟悉而不是原理性熟悉。我們要格外注意二者的不同。當在熟悉範圍跌倒時，千萬要好好想一下，真的熟悉嗎？在熟悉的道路迷路，要退回到操作之前，檢查一下哪裡出問題。華人社會的下一步，領導人你真的熟悉嗎？

計程車選錯路碰到大塞車，選錯路了，這與嫁老公一樣回不了頭的。人們常以為這樣沒問題，就做了，往往它會有很嚴重的後果。人們常常誤判自己的熟悉範圍，是因為不瞭解它的組成與它組成的可能性，如不瞭解心靈的組成，即便知道心靈有脾氣，也不知道這個脾氣在怎樣的情況下會反應。你可能瞭解老伴的脾氣，但不瞭解它為什麼會產生？除非你瞭解它的原理，才能面對各種反應，要瞭解原理而非各種事件，依這個原理就可以重新判定事件該如何。人、車、物、空間皆如此。

每一個社會也都有各種困難的熟悉範圍。例如有的民族、社群對機械性的東西就很不行，學得很慢，然而不熟悉不代表困難，可能學一下子就熟悉了，不要把不熟悉範圍與困難熟悉範圍劃等號。不熟悉不等於困難熟悉。依賴性的不熟悉就等於

是社會發展上的困難，若讀者瞭解這樣的話語就可以測知華人與社會的可能所在。

如在二十歲以上的人有98%學習第二種語言，文字困難度都很高，困難熟悉範圍有些是假象的，讓人誤以為很快即可進入。例如：使用中國語言、閩南語，我們以為很熟，如果真的很熟悉就不會有人用錯典故、成語；如果熟悉就不會有處理後的自我爭議，所以這是因為範圍總是不易熟悉。

其次容易誤判的是身體，總以為人們自己瞭解身體，其實是不太瞭解。而且甚至連專科醫生也可能不瞭解，乃至大家都不瞭解。如果是他人的身體那就更不容易瞭解，人們通常沒有去注意他人身體的感覺是什麼。這些是值得我們去重視的範圍。這部分很重要，常用在領導統馭，用在塑造意識形態。

在日本有一個三、四歲的小孩，無論在任何地方，他總是有能力能逗陌生人笑。德國有一個企業家，被稱為天才，他總是可以與任何人做朋友，不容易有敵人。這都是一種本事，一種熟悉範圍。他可以熟悉與任何一個人都不陌生，這是不好的鍛鍊的，這種能力不好去理解的。反過來有些人真的很不好相處，他也努力與別人好相處，可是就是做不來。原因是他沒有進入別人的身體狀況，人們要去注意那種不進入別人身體狀況的人的狀況。看他有什麼狀況，這類型的人是有類別可再細分的。我們再向前一步：不好相處的人或是特殊的身體空間是有社群屬性，有男女屬性。這種嗅覺是要對男女或社群有所區分把握才有可能。如男人討厭人與女生討厭人的方式不太一樣。一個辦公室裡，一個女生討厭一個男生，可能全室的女生都會討厭他。為何會這樣？這是人性裡面另一個區塊。此外，還有社群，這個社群是什麼，它的形成反應是不一樣的，社群也構

成一種身體的反應。各種社群的身體反應不一樣。或以同類型職業而類似，這就是「生態」，生態可以是一種身體反應，它整個是以一種非理性的條件在進行。

女性沒有辦法熟悉男性的世界，因為身體空間不一樣。除非有人專業的教導有關男性的生活世界，似乎她要混入男性的世界，她又要保有原有女性的特質，乃是高難度的。還有一種是情感形式的熟悉，這更複雜。情感形式包含：男女不同、家庭區域、民族、各種語言、文化的不同。例如：日本、台灣、大陸對哀傷的表現形式會不一樣的。對同一件事情的態度不一樣，這些是情感表現形式不一樣。

日本、台灣大都受儒家文化，大陸則是受到工農兵文化的影響。所以情感表現形式就不一樣。在大陸的概念裡上廁所是每一個人都要做的事情，不必定需要有門遮蔽身體在廁所中的排泄處理。情感形式總會由於文化空間環境各種因素而變化，這不是純粹理智就可以理解的。所以台灣人、大陸社會因歷史發展而使得情感表現形式是不十分相同的。對於彼此，這上述都是不熟悉範圍，下一個華人社會的另一項任務即是兩岸用各種角度設法熟悉彼此社會的各個範圍。

預測十：愛國主義、民族主義 將被全球化取代

　　彼得・杜拉克曾認為區域保護主義將取代全球化主義。筆者的主張和他相反，未來三十年在亞洲及華人社會裡面，**愛國主義、民族主義將被全球化所取代，而這樣的趨勢在台灣及中國大陸都是很明顯的。**

　　以目前兩岸至少有四種以上的民族主義。包括泛藍的民族主義、泛綠的民族主義、屬於中國大陸的民族主義，以及少數民族的民族主義等。這些民族主義造成了壁壘性、區域性、隔斷性、阻絕性，造成了總總的內耗。或許從另一方面來說，其具有正面積極的作用，但是卻存在著莫大的阻絕性，最後終將因經濟化和國際化而邁向全球化的腳步。

　　全球化的經濟趨勢，最明顯的第一線攻堅即是全球化的連鎖企業，例如：7-11、Starbucks、家樂福及各種知名的全球百貨公司像SOGO、三越；還有知名的麥當勞、肯德基、百事可樂、可口可樂、雪碧、芬達等，這些銷售系統實際已經打破民族主義的藩籬，讓大家進入標準化的空間裡進行消費行為。

　　這些標準化的消費讓民族主義的藩籬不斷地被割斷，因為民族主義的基礎包含了飲食文化、語言、衣著文化，最後區域的飲食文化將被全球化無形割斷，被標準化割斷；再加上網際網路的興盛，語言的藩籬也逐步被拆卸。以台灣來說，過去台灣曾經以能講標準國語作為衡量階級的價值標準，但是近年來

卻已轉向良好的英文溝通能力要求，甚至英語以外的德、法、日語，都是被當做國際化的標準。

因此，漸漸的民族主義將從本省、外省的藩籬裡被衝破，並直接考驗個別家庭在英語、在國際競爭化所扮演的角色。到了這個階段就只有家庭與家庭裡的競爭，而沒有民族與民族的競爭。只有個人與個人受到國際化的戰略而競爭，而不是以民族為單位的競爭。如此一來民族主義勢必從語言、飲食、衣著、文化等逐步逐項的被剔除。而許多工業也將往新穎的高科技和精緻化的方向發展。

原有的兩岸三地的民族主義將快速的被沖倒，愛國主義也隨著被沖倒，原有的民族情結內在性及封閉性被瓦解，轉換成國際屬性，因此**下一代華人對國家原有文化的執著與價值就不再似過去那麼般的濃烈**。這種情形優點是社會成為一個開放性的接受體系；缺點是原來固有文化的精華部分，很可能會部分或巨大流失。當然，未來極有可能建構出以華人為主體出發的國際化、世界化趨勢。

以亞洲四小龍的現況就可以很清楚的看到這樣的趨勢。尤其是像日本如此保守的民族，其美國化的現象也非常嚴重，包括日本的常用漢字已經有若干被片假名所取代。這說明了日本積極轉向國際化和全球化的決心。同樣的，中國未來亦將走向以中國為主體的新世界化腳步。

換句話說，中國將權衡主客觀局勢而得出一個新的國際化的新標準，在三十年內和美國文化一較長短。從目前在全世界大量興起的孔子學院，全面掀起學習華語運動，就是一個最佳的象徵。在中美競爭之下台灣正好夾在中間，由於特殊的地理和政治位置以及特殊的歷史情境，使得他正好在三大經濟體之

間被包圍環繞著。

　　台灣是可以因此而獲得關愛和矚目，並獲得特殊資源的。**如果台灣懂得巧妙運用，不受到簡單的民族主義影響的話，的確是可以走出一條獨特的道路。**在大國崛起的思想範圍內，以台灣的人口和面積，或許不能成為另外一個新興的大國（此指大經濟體），但卻有可能和香港一樣可以成為另一個重要的領先群倫的世界要塞。香港島和九龍加起來僅有台灣的三分之一，可是它所居的金融樞紐地位以及經濟榮景，卻遠遠超過整個台灣島。如果台灣善用自己的經濟地位和特殊的文化歷史地位，要營造一個新的大台灣並非不可之事。

　　台灣如果能往這樣的方向發展，還可以與中國產生良性的互動，使得新的華人佈局有一個新的視野。也就是說，香港、台灣、新加坡、澳門各自扮演不同的角色，同樣和廈門福州、珠江三角州、長江三角州、京津地帶、青島山東和大連瀋陽，各自扮演不同的經濟角色。以台灣優秀的公民訓練，和具有創意的數以萬計的企業家，事實上足夠組成新的企業團隊，保持優秀的企業策略的領先地位，並邁向國際化。如此一來愛國主義和民族主義更是毋庸存在。屆時只有如何建構屬於華人的社會資本主義文明，以及如何建構一個既符合環保又符合儉樸主義的資本主義文明的問題，而沒有屬於民族主義的資本文明，或愛國主義的資本文明的問題。

　　愛國主義和民族主義所造成的負面作用已多所證矣。不管是二次大戰的日本、德國或是法西斯主義，都和民族主義有若干關係。太多的戰爭都和民族主義有關係，許多的戰爭也和民族主義的民族戰爭有千絲萬縷的關係。而民族主義又往往和宗教產生巨大的牽連，也就是說民族主義宗教信仰和愛國主義背

後往往是有盲目非理性的意識形態作為支撐，這使得世界發展走倒退的路線，甚至萬劫不復。

　　所幸華人社會的趨勢目前已即將精準的走向全球化，只是全球化的步伐能不能走得穩固和踏實，會不會被殘留的愛國主義和民族主義所偏移或拉扯，才是值得觀察和注意的重點。

領導人應常檢視自己的思考典範是否有效

　　作為新的大國，中國將進入以獨特生活空間經營獨特存在價值的形態。這個轉換價值和他的整個思想觀念和地理環境有關，但因存在價值的轉換必須要很多的環境資源來配合，所以當中國發現環境資源不足時，就會回頭來處理國家內部的各種環境資源。

　　在這種存在價值的轉換過程中，會發現執著同一種舊的典範是無法生存下去的。所謂典範，就是處理事務的方法。簡單舉例說明：偉大的亞里斯多德，他所講的大部分的學問都可以歷久不衰，但是亞里斯多德解釋的物理世界到今天看來卻是錯誤百出。亞里斯多德對物理學的處理是他全集裡面讓人覺得最荒謬的一個部分。為什麼偉大如亞里斯多德卻會如此思考物理呢？

　　真正的原因是：亞里斯多德的思考模式影響了他的思考。這是什麼意思？就是任何一個偉大的人都有可能會受制於自己的思考的形態，而據此理解世界。即使是像亞里斯多德那樣幾乎是那個時代最聰明的人也不例外。

　　美國哈佛大學有位教授叫湯瑪士・孔恩，他出版了《科學革命的結構》這本書，在書裡面他提出了「典範」，認為「典

範」影響了我們的思考。有一天他在閱讀亞里斯多德的物理學
著作的時候，發現忽然能夠理解亞里斯多德為什麼會那樣思
考，接下去他也能瞭解亞里斯多德在接續的文章中會以什麼方
式在說明世界。那就是說，只要能進入對方的意識形態就會發
現對方在按照意識形態說話。亦即我們都是按照意識形態在說
話，而不是自己在說話。

　　中國的人們以中國的意識形態在說話，台灣的泛藍的朋友
以泛藍的意識形態在說話，台灣的泛綠的朋友以泛綠的意識形
態在說話，他們並沒有超越自己的意識形態而存在。問題是世
界不會按照你的意識形態而發展，而通常**每個人所擁有的意識
形態與適合世界的發展往往是格格不入的。那只代表一種我執
和自我的堅持，如此而已。**

未來華人能否縮短新舊典範轉換的時間？

　　自我意識形態想要加以轉換，必須經過知識的吸收和典
範的轉換才行，那麼典範如何轉換，其實是拋棄舊典範的一個
過程。一個國家要拋棄舊典範，一個社會要拋棄舊典範，事實
上十分艱難，往往一個小小的步伐要費很大的周折。例如：要
剪掉辮子，中國人可花了很長的時間，用極大的努力，才做了
改變。又例如：留辮子之前，明朝人有去髮的問題，要他們把
頭剃一半是光的，也非常的艱難。最奇妙的是，他們前面堅持
不理那一半的頭，不留那個辮子，到後來反而不願意把辮子剪
掉。這就說明了一個典範一旦成為習慣以後，就不容易改變，
不管它對還是不對，一旦信仰了就是不講道理的。

　　以典範在思考的人，不思考典範以外的道理，也就是其常

不思考客觀世界，只思考典範內部的運作。典範如同於意識形態一樣在發展著。所以，作為國家領導人，應該要做的是經常思考自己的典範是不是依然有效。

再舉一例，如果一個人身上長疹子，通常會先找西醫看診，看看是不是過敏，如果西醫找不出原因來，就只能使用抗過敏藥來醫治解決。如果服藥無效可能就轉向中醫看診，如果中醫服用中藥仍無法解決他的疹子，甚至連止癢的效果也不存在，只是讓他舒緩，那就表示西醫及中醫的典範都失效。這時人們可能發現中醫還有別的系統，就是經絡的系統可以嘗試，當經絡系統使用以後，發現疹子停了三天，三天之後壓力又來疹子又復發，那就表示經絡按摩系統是有效用的。於是人們可能藉由深入研究經絡系統後再探尋出裡面還有一個穴道系統，並探求出穴道系統可以有效的把這個由壓力造成的疹子，以及會發癢的濕疹或皮膚疹將之克服。這就告訴我們：當我們處理自己身上的問題時，都需要不斷地改變思考的典範，當然，面對國家的治理問題時，更是要深切地注意思考典範的內容及改變。

再舉另外一個醫學的案例。有一位作家因為用眼過度得了乾眼症，白天時完全無法睜開眼睛，必須戴上墨鏡，連晚上看到燈光也必須戴墨鏡，造成生活上的困擾。結果西醫說這至少要二到四週才能好，而且要天天冰敷、吃消炎藥。但是有一個熟悉中醫的西醫說，只要用眼針針灸一下，扎個十分鐘就可以好了。這位作家半信半疑找到中醫，果然用了三根短的眼針在眼球上方和下方骨頭的位置扎針以後，十分鐘後果然可以直視燈光，並且沒有再復發。這就是即便最先進的西醫的眼科對一個很常見的乾眼症，在治療上也有不同的典範和不同的認

知。換句話說，**典範的改變會讓我們所面對的問題的結果大為不同。**

　　再舉一個例子，常常提筆寫字的人都知道，如果他過度握筆或是鍵盤，手部有時候會出現氣血不活絡的現象。患者通常會尋找復健科治療，但常常去復健，可能花了兩個禮拜或一個月的時間，手都還不能有效的緊握拳頭。事實上，他可能是缺乏某種元素，或因某種元素使用過度，如果適當補充Alitamin的藥，吃不到三天就可以輕鬆恢復提筆。這又告訴我們，從另外一個認知的典範，它並非需要復健，而是需要加入某一種元素。像這樣的例子在生活中所在多矣。

　　同樣的類似例子，一個孩子一個禮拜沒有上大號，長期便祕導致肚子疼痛。依照西醫的典範，灌腸是一個最快的方法，但是這樣的方法會很疼痛。若採用中醫的典範，則使用不到十秒鐘在肚子以及腸胃的上方、肚皮上輕輕的搓揉按摩，只要穴位正確，前後不到十秒鐘就可以達到排便的效果。這又代表有另外一個典範不需要受這麼大的痛苦卻同樣可以完成所要的效果。

　　以此反問，國家的治理思考典範在轉移的時候可不可以減少陣痛？可不可以減少轉換的時間？從亞里斯多德的物理思考時代，到哥白尼再到愛因斯坦、海森堡，我們各花了多少時間？我們還需要一個經過上千年轉換的典範嗎？中國有沒有可能可以從愛因斯坦走到海森堡那麼短的時間內成功轉換另一個治國典範？

　　典範不僅僅限用於科學知識，也適用於存在性的知識；或技術性的知識；或管理性的知識；或生活性的知識。同樣的，我們要不要買房子可以是一種生活思考的典範；我們應該擁有

多少的儲蓄也可以是一個生活思考的典範；我們一生中應該賺多少錢也是一個生活思考的典範；我們應該有多少的閱讀也是一個生活思考的典範；我們應該擁有什麼樣的社會地位才能滿足，也可以是生活思考的典範。甚至我們是否應該結婚、應該生多少孩子、世界該有多少的人口、應該製造多少的食物、應該生產多少的汽車、該生產什麼樣豪華的汽車，以及應該蓋多舒適的公寓，都可以和生活思考的典範產生關聯。

若典範不變，中國有可能返回半封閉的社會

於是**典範不該一成不變，典範成為時時刻刻應該配合著我們周圍環境的變數而改變**。換句話說，當這個世界只有一億人的思考，和世界有五億人、十億人、二十億人、四十億人、六十億人、一百億人的思考典範，可能會因這個變數的改變而改變。我們不應該一成不變的要求我們的環境來配合我們，而是我們要去配合所有的主客觀條件，使得典範的效用可以持續的發揮，可以持續的保持有效用。

以下要問一個很有趣的問題：中國的社會能不能在沒有其他社會的情況下獨立的生活下去？答案是可以。原因是中國有太強大的內需市場，自古以來中國長期以自己為唯一的核心國家，甚至只認為自己才是有價值的人。這是中國或中原一開始的定義。由於它具有獨立的生存條件，這樣一個市場及社會就具備有非常獨特的形態，因此無法用一般的形態來牽制要求它。

中國社會如果想要不斷地提升經濟力，就必須要依賴其他社會。換句話說，中國必須因為它的經濟成長的需求或欲望，

才會與其他社會產生依賴關係，而若中國產生自覺性的改變，這個依賴度就會下降。透過高度的自覺性的改變和中央的強力宣導便可能以形成半封閉化的局面。這種局面在中國社會裡面總會週期性的輪轉。只要中國還沒有脫離中央控制的階段，這種週期性就永遠有機會出現。也就是下一個華人社會，還是有可能成為半封閉化的社會。

｜總預測：下一個華人社會趨勢剖析

對中國和台灣兩岸的華人來說，以個體而言，下一個華人社會將處於什麼樣的狀況？

可以輕易的轉換身分

事實上，他們既是觀眾又是演員。隨時可以在演員和觀眾之間交互呈現，可以隨時上場、下場。所以中國的活動場域是不同於西方的，也不同於日本。下一個華人社會的華人們擁有一個全新的舞台，擁有一個絕對不同於其他經濟體的全新舞台。這個舞台隨時可以上台，也隨時可以下台，上台和下台之間隨時可以輕易的轉換成不同的身影。

所謂無國界的理想，其實仍是一個理想，只是一個發展趨勢，不會立即的絕對性的到來。這種趨勢會先以各個民族區域的全球化作為表徵，華人社會就是一個重要階段。而**下一個華人社會將是一個嶄新、自由、隨心的華人社會，演員們可以隨時輕易地轉換成不同的角色和身影。**

下一個華人社會另一個重要的特質是知識經濟。而華人社會的知識經濟也有其獨特形態。它的獨特形態是擁有越廣泛的知識精英越容易轉換他的身影及身型。而這些容易轉換身影及身型的特殊知識經濟，全然不同於日本的知識經濟、美國的知

識經濟，更不同於歐陸的知識經濟。這種知識經濟或許是場賽局，抑或是觀眾與演員之間的輕易互換形態的展現。

未來華人需要完整的生活戰略

假如我們生活中的每一件事情都需要花時間、精力去規劃，因為生活總是需要完整且有計畫的策略的。也就是下一個華人世界，人們總是需要一個完整的生活戰略及生活規劃，需要全方位的導航和領導。

既然生活藝術的追求和生命層次的提升是下一階段人們的主要發展核心，人們當然在意於生活時間的分配。人們會規劃到底有多少話劇等待去看；多少的舞劇等待去欣賞；多少的深度旅遊等待我們去規劃。或許一個方圓五公里不到的麗江古城或大里古城就要花費三天的時間去細細品味；中國有上千個古城得花多少時間去遊覽；而台灣府城台南要做深度的旅遊是不是要花上十五天？世界其他的城市又得花我們多少的生命去深入認識呢？

人們開始發現，**生命永遠是不足夠的，時間是很有限的，於是人們知道生活必須要有戰略，而且應該要有一套完整的戰略**。這樣人們就能很清楚的安排：用多少的生命消耗在古城；用多少的時間用在府城、逛京都；又用多少的生命規劃遊覽花都巴黎；用多少時間可以深度踏遍好萊塢；用多少的生命能好好地欣賞黃石公園及其他美麗的國家公園；還可以規劃多少人生有限的生命去欣賞藝術、電影、音樂及各種話劇演出。

除了欣賞藝術、規劃旅遊，人們當然還要關心和珍惜身邊所有的人。因為沒有人可以離群索居。我們要花多少時間陪

伴家人？要花多少時間經營和朋友的關係？在耗盡太多時間和財富爭戰後，華人終於覺醒，終於清楚知道將大部分的生命拿來賺錢、用來累積財富是沒有意義的。財富雖然每天不斷地增加，但是生命中很多事卻是一片空白，到頭來只有悔恨和遺憾，而生活卻是如同嚼蠟，沒有一點品味可言。因此，在財富的數字到達某一點之後，人們終於開始正視自己的生命及生活，並學習制定一套完整的策略去規劃有意義的生活，期望創造更有意義的人生。

下一個華人社會不止重視生命的層次提升，更開始重視如何將生命的意義及生活的策略教育化、普及化。人們將從教育過程著手，教導下一代如何分配時間釐定生活策略。於是每一個人都會從成長過程中學會思索和規劃人生，瞭解自己在這個世界的定位，以及所需扮演的角色。

對於華人社會未來保守估計至少有四百至八百萬以上的新中產階級出現於大陸市場中，新生活策略又該是什麼呢？是追求身、心、靈平衡及滿足的一種新形態生活。那種生活不再是無止盡追求物質的生活，不是每天吃三頭鮑魚或魚翅的生活，而是一個讓自己簡單、健康、快樂的生活。

人們於是乎發現，原來我們需要的飲食是如此的簡單，只要衣食溫飽、來源乾淨、營養均衡即可；原來很多應酬是很虛偽的；原來人生的知己可以超過五十人次的機會是那麼樣地稀少；人瞭解過了四十歲以後尋求知音是重要的，有摯友是如此可貴。

未來，所有的華人的親戚結構都會遠比上個世紀來得稀少許多，甚至沒有兄弟姐妹，沒有表兄弟姐妹，因此，朋友變得很重要，人際往來也是重要的課題。人們需要真誠的友誼、真

誠的人際往來及真誠的陪伴。

繼續以言論尺度的禁錮換取整體社會的安定

中國現行的言論自由仍受到相當大程度的箝制，即使她的經濟照樣起飛，各項建設和國際化、全球化仍繼續發展，但其意識形態的控制仍然全盤掌握一樣嚴格。這對中國是好是壞？下一個華人社會還會如此保持？抑或漸行民主？改變對華人會是好的嗎？期待中國的言論大幅度的自由化又絕對是好的嗎？

以目前中國各項發展來說，穩定發展是全體中國人的最大追求目標，如果言論尺度放寬，將造成不可控制的變數更為巨大，而不可控制的變數巨大就會影響整體安定。因此，政府當局和人民都不願意承擔開放言論自由的風險，於是知識分子只好忍受這種言論尺度的持續禁錮，以換來大多數和整個社會結構的安定。

而中國大陸目前言論箝制的尺度在哪裡？由於幅員廣闊，其實各地方的言論尺度也不盡然相同。例如：上海的言論尺度和南京的言論尺度就不同；北京政府和廣州政府的言論尺度也不相同。因此，中國的知識分子經常運用各地方政府的言論尺度空間，做一些彈性運用和突圍措施，這也成為知識分子所可以運用拿捏的空間。這也是中國經濟發展中和其他經濟體完全不一樣的歷史文化脈絡背景。

正如前文我所強調，**一個國家的經濟和文明發展是息息相關的。經濟發展脈絡必須依循文明及社會心理因素。**也就是說，沒有一個世界文明適用於中國文明，不同的文明發展規律都無法精準地套用在中國文明上。要理解中國文明只有從中國

文明自身的脈絡裡面去加以解析和瞭解，並且對於中國大陸當代的社會人口結構及環境資源加以掌握，才能知道中國的趨勢和中國的未來，其中包括對中國的意識形態瞭解。

而對中國文明的瞭解也絕對不止於僅僅表面的瞭解儒、釋、道三家如此簡單而已，更非美國的東亞系所或歐洲的漢學系所理解的範圍而已。美國的東南亞系和歐洲的漢學系還屬邊陲的邊緣，這也是歐美無法完全理解中國、掌握中國的最主要原因。

要瞭解中國的經濟，仍然必須掌握中國人的意識形態，無法孤立的或單純的來看中國的經濟，必須加入中國的意識形態和中國的政治面，從中檢視中國的政治經濟社會環節並予連貫分析。連最鄰近的日本和韓國瞭解中國的思想的有效度也距離符合標準值相差甚遠，更何況歐美等其他世界各國的預測。外國人預估中國的經濟發展，在三十年內仍很難做到準確。他們唯一可以做到的只是在經濟成長率、國民生產毛額GDP、股市市場、房市市場的分析，僅只是片段的、局部的瞭解而已。而這些資訊只能提供他們做片段的諮詢或局部的參考，而沒有辦法做全方位的思考。全方位的思考到目前為止仍然控制在中南海政權中，因為他們瞭解的資訊還是相對的更為全面。

這樣的形態和發展脈絡也適用於台灣，因為台灣也有類似的華人結構的思想和社會氛圍，所以想要真的瞭解台灣也必須進入台灣的脈絡，進入台灣的意識形態加以解析。當然，台灣的文明及經濟發展可能還得加入日本、中國文化，甚至美國文化的影響。台灣雖然只有一個區區三萬六千平方公里的小島，只有兩千三百萬人口，但其複雜性卻不亞於整個大中國。同樣的，想要瞭解台灣作為中國大經濟體的一部分，或者作為日本

東南亞經濟體的一個部分，就沒有辦法以西方的模式或日本的模式去瞭解台灣；相對而言，日本所瞭解的台灣，要強過於其他社會瞭解的台灣，但也沒有辦法全面的瞭解社會發展或經濟發展的形態。

而香港的發展，已經全然國際化，加上它受英國殖民的長期經驗，所以把握香港的規律就會相對的容易一些。目前的香港已經加入濃厚的中國因素，也成為中國的一個重要的世界金融口岸，成為世界第一大金融中心，加上旁邊有澳門，衍然超越美國拉斯維加斯的賭城地位。

中國的香港和澳門雖然面積不大，卻佔據世界總生產值百分之四的高經濟發展局面，未來她仍將逐漸產生擴大效應，和中國的連接的長江三角洲或珠江三角洲形成整個東南沿海大經濟區，其發展和潛力實在難以估計。未來，中國大陸從香港這個經濟區往長江三角洲，或者從京津地區向內陸延伸，像梯田一般綿延交錯，華人置身其間在不同的城市，或透過網路或透過文字力量，同時扮演一個慈善家或是一個資本家，轉出不同的身影。因此，未來的華人社會發展絕對是一個特殊形態的社會，很難以北美、日本、歐陸的社會來作評比。

中國將以半開放的國家形態迎接全世界

中國大陸的經濟發展隨著全球化、國際化後，中國逐漸用一種半開放的國家形態、社會形態來迎接全世界。未來中國將適度地控制自己的意識形態，以及採取適度控制國內輿論，而發展國家未來前途。

中國明白輿論控制的重要性，知道龐大人口的統治該如何

拿捏民主與威權的運用，因此，中國未來不太可能達到與台灣一樣無限開放的輿論自由狀態，是有其堅持的道理。而**台灣也要學習接受中國的輿論形態，台灣不能用自己的標準來要求中國達到相同的言論自由和社會形態。**

下一個華人社會將開始覺醒自我意識

換言之，下一個華人社會將是開始覺醒的時代。由於過去二十年人民成為部分政治野心家的消耗品，不管是邦聯、聯邦或兩個政府的種種可能性，都將在下一個世代之後被重新思考。因為下一個世代的歷史記憶、社會基礎、經濟發展或整個社會發展區域基礎都已完全不同。**當下個世代的華人往前回顧檢視這個世代時，會發現過去的這幾十年真是既無聊又愚蠢。**

可是這些無聊和愚蠢卻源於不得已，是基於集體智慧不足，緣於這個時代的知識分子過於脆弱，無法有效群集發聲並提出智慧。不少的知識分子急於謀官求財趨附政治或任何一方意識形態，使得知識分子的理性客觀思考能力下降，而無法洞察兩岸或整個國際局勢，僅只提出許多空泛的口號，例如大膽西進、紅海策略或藍海策略等，以致無法掌握兩岸現狀和心理結構，更可惜的是當代缺乏全方位的思考或戰略學者專家。

未來三十年中國將快速超日趕美？

中國大陸的政治發展跟經濟發展有一個黑數是大家看不見的，亦即中國大陸無法有效的做出社會統計。因為社會體過於龐大，且其經濟形態與其他發達國家的形態完全不同。許多

經濟學家預測中國大陸在二〇三五年會達到和美國一樣的生產總值，若進行簡單的經濟計算和城鄉人口比較，中國必須維持城市和東南沿海以百分之三十三的經濟成長率發展才有可能達到，這牽涉到中國大陸農村的比例結構。但事實上中國或全世界任何經濟體卻很難以百分之三十三上下的方式發展。比較合理的可能是大概以東南沿海城市百分之十二左右發展，而整個經濟成長率平均計算之下約為整個全國平均成長在百分之四到百分之五的成長率才是可能的正常值。

　　如果按這個成長率發展，中國大陸則要到二二〇〇年才可能追上美國，而這前提是美國必須保持不動。可是以現行的未來學或趨勢學角度來說，已沒有任何未來學家或趨勢學家能夠清楚說明超過目前世界各國社會三十年的變化，因為世界變化的變數太大。換句話說，說明三十年後的世界只是一種假設，卻沒有任何實質的意義，包括環境的變化也是沒有人能夠清楚推算的。例如全球暖化的問題，在三十年後到底如何是沒有人能清楚推算的。如果按照高爾的說法，和按照全世界二氧化碳的排放量來看，那麼全世界在三十年後的局面，上海將進入空前的危機。假設如此，中國將無法繼續保持現在的高成長率。

　　以目前中國大陸的經濟發展趨勢，中國要追上日本或超過日本已經是指日可待的事。中國大陸只需再向內延伸，順著整個經濟發展繼續向前規律進行，就可以幾年內超越日本。這點作為全球第二大經濟體的日本已經有心理準備，日本也隨時做好準備可能退居世界第三大經濟體的位置。然而世界四大經濟體中有兩大經濟體如此鄰近，這對日本來講是必須在意的事。日本人對於自身在整個太平洋戰略上所扮演的位置和角色，正是日方真正憂慮和關心的問題。

日本的憂慮不在於自己是世界第二大經濟體，或第三大經濟體，其真正憂慮的是來自於自己的巨大挑戰就在她的鄰邦，她要如何與中國既合作又競爭，才是最最關鍵的問題，同時，日本進入了大前研一所說的「M型社會」，這是日本的危機和面臨的經濟發展問題。且二○○七年七月自民黨又經歷了空前的失敗，安倍晉三首相的回應，像是失意的機器，這當是日本式的亞洲危機。

中國社會的中產階級是一個變動性的存在，這些中產階級和農民階級不斷地交互作用，隨著國際形勢或社會發展或國家資源而有所變化，這也就是造成中國在經濟社會的統計數字上無法精確的原因。因為它的變動性太強，這也正是日本在思考中國經濟體上所不能習慣的地方。日本無法習慣這種大幅度的變動性和不確定性，他們無法思考這樣的一個社會的前景或經濟體的前景。他們總是在一個極具有方程式意義的思考範圍裡面思考和研究一個對象，但這對中國的思考來說是完全不相合的。

要瞭解中國思考必須要瞭解或閱讀《莊子》，或方才能比較接近中國的思考，也就是在一個不量化的方法裡面及變動不拘的方法裡，保持一種穩定和消遙自在的自處方式，這種哲學在全世界裡面是獨一無二的，卻深深根植在中國人的血脈裡面，既長期又深遠。

如果按照國際嚴格的定義「已開發社會」以人民的GDP標準，北京或上海都無法列入其中，但北京和上海的繁榮程度卻已達公認的國際化。此意謂著中國大陸的已開發要求和自我的定義，與整個世界是不一樣的。這並不是自欺欺人，而是指中國大陸對於已開發的自我定位的感受與國際的感受是不一樣

的。但不管怎樣，中國大陸快速的經濟發展實力不容小覷，的確是快速在超日趕美，積極的發展其多元經濟。

以華人的思維習慣制定新的行銷策略

既然下一個華人社會擁有不同的經濟形態，自然也需有不同的行銷策略予以因應。新的華人社會的消費形態將趨向一個新的中間路線。什麼是新的中間路線？就是少數金字塔頂端的消費會在一段時間以後轉向平民化，這些消費者開始喜新厭舊，並發現追求頂級消費是無謂的經濟浪費。這中間化路線其實是新的、特殊的消費邏輯觀念。

這是一個過渡的過程。現今的華人社會才剛進入與世界同步的過程不久，人們自會熱愛追逐所謂高尚消費，過了這個時期，許多華人將會開始修正。因此，要面對中國市場，得重新認知華人社會的特質，瞭解這種多處轉換梯田式的形式結構，並需掌握新的適合它所需的行銷策略，才能運籌帷幄找出獨屬華人社會的行銷策略。

要用華人的思維習慣制定其行銷戰略，還必須掌控其流通行銷管道。舉中國的圖書市場為例，有所謂的二渠道、三渠道，倘若沒有有效的掌握中國圖書市場的二渠道、三渠道，僅用傳統的店銷市場或採日本的東販或日販等行銷系統，或以美國的行銷系統來思考中國書籍的行銷，則必然行不通。而書籍行銷是如此，其他所有的影音出版也莫不如此。

在同樣的市場結構裡，包括華人所喜好的戲劇形態，也不同於其他市場。中國有幾百種的地方戲曲；有各地方方言所衍生出來的地方話劇；更有各式相關的藝術形態，譬如說《印象

麗江》、《印象劉三姊》等都是屬於中國的獨特表演藝術，而
這些獨特的表演藝術及獨特的藝術市場，自然也需要獨特的行
銷通路。

　　**除了透過華人的思維習慣制定新的行銷通路，還要針對每
一個區域的通路行銷分定不同的行銷戰略**，因為行銷策略絕不
能一概而論。這也就是為什麼未來的華人社會，沒有人或單位
可以贏者通吃。下一個華人社會是一個區域形態的發展社會，
卻又能循著脈絡逐漸形成一個大的華人特殊結構的經濟網路，
因此，這個經濟系統既是統一又能分散，既能一致又可分化，
看起來好似互相獨立，卻又呈現聯合的局面。

　　對於其他經濟體來講，從他們的經濟體系和經濟理論上，
是很難理解華人體系的錯縱關係。未來，隨著華人社會的經濟
演變和進展，勢必也會有新的經濟形態經濟學家為這個經濟市
場作新的界定和說明。

下一個華人社會房地產龍頭依舊？

　　中國的經濟發展、經濟形態的變化還是處於混沌莫名的
階段。到目前為止，西方的資本家或華人的資本家或經濟學家
都還沒辦法對中國的經濟市場作有效的認識和掌握。原因是這
個市場的興起並不長久。嚴格來說，中國經濟的崛起和發展不
過是近十年左右的事情，而且它還在以各種的變化形態進行之
中，所以其他世界的經濟學家還未能有效的把握中國經濟市場
的發展規律和形態。

　　當然，華人世界的經濟產業不會維持不動的，還會有所
變化。台灣房地產事業在未來還能穩居龍頭？如果未來台灣的

房地產已經不是龍頭產業，那未來的上海、深圳甚至北京房地產是否還有商機？已有部分的經濟學家認為未來房地產不見得能繼續如此蓬勃的發展下去。這裡也點出了一個值得深思的問題，即房地產的蓬勃是造福人類還是造成人類問題。

以中國的土地幅員和每個人所能使用的面積、房屋的可營造空間來計算，遲早要面對像台灣房地產過剩的局面。在房地產業者過度的炒作之下，由於過剩的房地產和空屋，無人居住，卻佔有空間，以致人們自我反視，人類一定要追求全新的居住環境嗎？如果是的話，那麼歐美那些古老的居住環境還有什麼保存價值？又為什麼還能保留到現在？

在其他國家，舊的房屋並非一定被揚棄。反而倒是他們希望那些上百年的公寓能夠不要遷移、破壞、拆毀而可繼續有人居住。不僅歐美，日本也一樣在做保留和發展。全世界慢慢的有了共識，不是舊的建物就應該被揚棄，而是應該努力試著重塑所有有歷史的建築，並著重對它的維護和保存。

如果從這樣的觀點全面重新認知，華人居住環境的話，華人必須重新思考的是：我們究竟要蓋多少房子才是足夠的呢？房地產的數量絕不會是一個無止境的數量，可是華人企業界卻一味地以為房地產會無止境的興盛。總有一天他們會因為這樣的想法和做法，因過度的起造房屋，在面臨房屋過剩的問題後，而開始自我反問及反省。只是在這過程中，大家都要付出代價。

超越綠營的焦土策略

台灣第一家庭的官司席捲了全台的注意，也消耗了巨大

的社會資本。不過，由於綠營的焦土政策。盡其所能的給張熙懷檢察官戴上紅帽子，終究導致其他檢察官連署超過八百人來維護檢察、司法的尊嚴。這未必不是焦土政策中的一項因禍得福。**台灣社會當今面對的最大困境之一，正是政治的上層精英形成了社會秩序動盪的來源，並且缺乏道德典範；這使得整個公民教育、社會秩序幾乎近於土崩瓦解的邊緣，**藍軍甚至是淺綠的選民其實莫不期待著社會秩序能夠獲得重建。在傳統的習慣裡，民眾總是習慣的期待上位者能夠引領世間建構道德規範，但當今社會顯然無法由這條道路進行。

在野黨應選擇重建社會秩序議題

如今，顯然我們不能期待台灣執政黨主動去重建社會秩序，在這個關頭，**在野黨必須執拾起建構道德公民社會的任務。**事實上，在第一家庭的司法案件上，正義已在藍綠兩軍的心中獲得勝利。檢察官的連盟已締造了民主政治上的重要典範，藍軍無須在這裡步步逼近，寸寸求勝。藍軍的輿論領袖及立法委員，在媒體上如果繼續困在第一家庭的弊案上，只會使得深綠的選民添加更深的仇恨。如果將這整個案件交給檢察官與司法官，則這件事情就會由政治事件返回法律和道德層面，而在世人心中自有一把尺。綠軍使出的焦土政策表面上大家都知道，是想將一審拖到二〇〇八年，其實更嚴重的事情是整個政治議題會不斷地捲入藍綠的二元對立，以及統獨的民粹思考之中。藍軍只會不斷地成為小紅帽受災戶。如果，藍軍能超越綠軍的焦土政策，開始與社會各個層面的士紳領袖、各個社會團體共同營造新的社會秩序重建議題，則可以給民眾耳目一新

的感受。

回應綠軍的焦土政策惡意攻擊，當然一定程度上有政治的需要，但是如果將整個藍軍和社會目光的焦點，都只集中在此一弊案。則就是藍軍政治領袖策略智商的不足了。多年來，藍軍總是隨著綠軍的議題聞雞起舞，並且不斷地捲入在每一次的大選之中，難道這一次不能夠有一個例外嗎？社會需要正義，為了尋求正義而需要英雄；如今英雄已確定無法尋得，藍軍必須掌握機會為大眾創造未來的希望與可能的光榮。人必須活在希望中，藍軍的選民更需要光榮的感召才會從四方歸隊。藍軍已經確定不會由弊案或由焦土戰爭而產生更高的投票率，**如今應該是有光榮、希望與社會秩序的重建來贏得民心的時候了。**

選擇站在上帝的國度與白頭偕老的喜劇

呼籲藍軍的政治領袖及輿論領袖，在任何歷史的審判事件中，提出寬容的智慧。上一次可以讓總統夫人在一個不考慮是否病重的基礎下，妥善的休息。藍軍已可主動釋放寬容與慈悲，不在輿論上讓綠軍的選民，反覆受到傷痛折磨，使無止盡的二元對立，在冷靜的人情關懷過程中，逐步解開，並放棄敵意，從關懷中重建正義與秩序，使得蕩然無存的互信基礎，重新萌生契機。藍軍應減少在輿論媒體上對明顯的綠營政治創痛反覆消費，建立一種可以解構一切民粹感召的計策讓公民社會重新回到可理解可溝通的平台。

在藍綠二元對立的爭鬥下，雙方以互相認定彼方為撒旦，己方為上帝；彼方為非道德，己方為道德的代表。在台灣島上沒有共同信仰的基督上帝，也沒有共同認同的公理正義。**我們**

唯一擁有的是人性的寬容與關懷、慈悲與善良，試問什麼是撒旦所沒有的武器，不正是寬容、關懷、慈悲與善良嗎？奉勸藍綠陣營的政治領袖與輿論領袖，當對手落敗時，給予寬容、慈悲與關懷。這是唯一證明自己是上帝的一方，而非撒旦的一方的機會。給予對方寬容、慈悲與關懷並不會影響到選票，而只會增加支持度與投票率。倘若，因為給予對方寬容、慈悲、關懷與善良，而會造成己方降低投票率與支持度的話，那就證明己方卻是迎向撒旦的一方。為了重建台灣的普世價值與社會正義，必須要有林肯式的慈悲和寬容。否則，所有人都會被妒嫉的火和仇恨的心傷害殆盡。

　　政治領袖們，輿論領袖們。請堅持你們心中的正義，它是重要的，但批判對方卻未必是也是重要的。但是證明自己，並沒有將靈魂賣給撒旦，證明自己仍然可以愛自己的敵人，寬恕自己的敵人卻更重要。首先給這社會多一些溫暖的一方，毫無疑問會贏得下一場的勝利。別忘了，無論是藍營與綠營，經過多年來的努力，大家都已證明，無法消滅對方。我們命定了要白頭偕老，或者揮劍互砍，直到血流成河毫無氣息。寬容的教導另一方，看著另一方由鄉巴佬變成窈窕淑女會是我們更偉大的成就。別再怨恨，這一場荒謬的婚姻。我們可以決定的是讓它喜劇收場，或者，悲劇地看台灣文明的墮落，藍綠兩軍的政治領袖們和敵人共建文明的榮耀，將贏得後代子孫更高的尊敬。把一切的審判將給法官和律師，讓我們在法院之外煙消雲散。因為我們要繼續教育我們的下一代，因為我們要知道我們如何繼續與我們政治立場不同的人，共度白首。我們無可選擇的必須選擇，去愛這十多年來，或者這五十多年來，日裡夜裡可能恨過的人、或者政黨、或者政治態度。

當地球可能因為過度暖化，而在一百年後，大多數的地表土地面積消失殆盡，人口也僅能存活不足五億的情況下，我們，我們藍綠二軍的政治領袖與輿論領袖還要繼續堅持著小兒女的愛恨情仇嗎？我們真的要像《臥虎藏龍》中的李慕白那樣，終究只獵殺了碧眼狐狸，而浪費了一身的好武藝、好能力去造福世界。我們要選擇撕殺殆盡後的李慕白，最後竟只能使用最後的餘力說出心中的真愛嗎？

請給民眾一個光榮的未來

每年元旦新春皆將至或秋將去，無論是藍軍或綠軍的支持者，台灣都希望未來的領導人可以許給台灣光榮的未來。長期以來一直有個祕密沒有人說出：世人並不一定要選擇哪個特定人物為領導者。支持理性、尋求正義的人民們支持的並不一定是哪一位政治人物；而是一個重新可以給人民希望、榮耀、看的見未來的中興領導人。而這才是人民所樂見的領導者。立委和名嘴們成天在新聞媒體上揭弊互相消遣，卻毫無辦法減低對方的士氣。把立委訓練成媒體舞台上的鬥士，或者是消滅敵方的打手都沒有辦法讓追求理性、正義的選民感到士氣高昂。

人民希望未來的領導人能夠洗卻包袱與塵埃，澈底消除黨內的腐化，改變精英貴族高高在上不知民間疾苦的公職官僚氣息。 知道嗎？經國先生之所以受到台灣人高度的認同，不在乎他的省籍，或是他能不能講台語，原因是因為他脫去貴族的外衣、走向平凡的人間，努力耕耘經濟建設，許了人民一個美好的未來。如今的政黨，腐化、無任何的有效改革。

政治人物的理性光芒何以抵擋不住敵營的脣槍舌劍，連

所謂不沾鍋也防不住派系運作，政治的大染缸已經證明，個人的人格魅力無法取代公共政策的正確執行以及組織再造的社會需求。記得嗎？曾有位仁兄說：行政官員已不榮耀。如今無法光榮的台灣政黨，無法光榮的台灣政府？你給了它全新生命了嗎？華人下一個社會的巨獸會重返光榮嗎？

　　不要學習對手的兇狠殘酷，這只會使得支持者望而卻步更進入政治的冷感。選民真正在乎的未必是殺死了多少對手，也未必是否繼承大統，他們關心的是這個千辛萬苦出來的黨中共主氣勢，是不是許大家一個光榮的未來。告訴人們你可以改革，告訴人營造可以大刀闊斧，告訴人民組織改造必然成功，告訴人民你們將會脫去貴族的外衣進入民間，再告訴人民即使是對方政營的支持者，也都可以一樣關愛，都一樣可以許眾人一個光榮的未來。

　　還有個祕密沒人告訴你們，問題的關鍵不在選不選得上總統，不是事情的重點。重點在哪裡？不知你心裡明不明白？好讀儒家書的你們，用句儒家的話告訴你們：「天命！」天命在那裡？天命在能帶給人們光榮的榮耀者手裡。記不記得孟子的一句話：「天將降大任於斯人也。」必須勞苦和動心忍性的是些什麼，午夜夢迴時請在心裡好好的想想世人光榮的未來到底在哪裡。

　　請回家打開《大學》首章，世界奉行的道理或許尚未改變，只是一旦人們進入二元對立以後就忘了超越泥陷的力量。國民黨、泛藍、藍營在經國先生去世以後多年來已不見榮耀，人們不在乎政權在何處，在乎的是那個能夠少康中興的領導人在哪裡？能澈底粉碎政黨腐化機制的英明在哪裡？

　　每日夜裡，人們等著你們！等待著重返榮耀，有個祕密沒

人告訴你們，敵手也在等待著你們，等待著大家重返光榮，大家一起洗心革面。

被魔王下咒的藍軍──別只向上帝尋求解藥

　　魔王給藍軍下了一個深切的玩笑，讓藍軍進入一個進退維谷的局面，藍軍既沒有帶領群眾跨越紅海的先知，也沒有還我河山的英雄。藍軍自居理性、正義，追尋普世價值，卻無法擺脫民粹主義及民族主義的圍繞，在統獨問題上，藍軍始終腹背受敵，兩面不討好。所謂的一個中國，竟然是兩個名稱不一樣的中華民國跟中華人民共和國。所以究竟是兩個中國而不是一個中國，而獨派人士卻始終有著堅定不變的票房，只要獨派子弟不貪汙、保持廉潔，他的論述始終可以保持神采飛揚，魅力四射。反觀藍軍，好不容易推出一個泛藍共主──馬英九，但是，不到一年，這個共主就汲汲可危，他上有太上老君──榮譽主席連戰，左有靈寶天尊──王金平，右有齊天大聖──宋楚瑜，他再怎麼懂得諸法皆空，也很難自由自在。更何況馬英九既不具有英雄的血液，也沒有先知的智慧，而且還被李敖批評是個「法匠」，同時，馬英九還帶領了龍蛇混雜的明教教徒，想要重建政權。黨內的包袱既甩不掉，更無能為力破解，對於會隨時凌空而降的紅帽子，更使得藍軍永遠被命定的成為「受災戶」。看來，藍軍的確中了十面埋伏，充滿了普世價值關懷的藍軍支持者，終究要在台灣海峽扮演出《霸王別姬》。無論從黨內或者是泛藍，或是對岸的競爭挑戰，以及對岸的紅帽子包袱，還是國際局勢，亦或是統獨的民粹威脅，還有那理性正義，普世價值的自我要求。藍軍準確無疑的進入一個無法

自拔的深淵，它像是被魔王下了魔咒，進入了永恆的輪迴，無所遁逃。下一個華人社會他們能浴火重生嗎？

藍軍的選民，除了用理性的劍和啟蒙的刀向綠營揮去，不斷地彼此消費，鮮血淋漓、血肉模糊以外，就只能不斷地等著巨石從山頂上滾下，然後自己再無奈的從山下推上，周而復始。沒有別條路嗎？如果有，藍軍的策士和藍營的名嘴以及智庫，早就應該提出了。現在藍營只能堅守四行倉庫，用鮮血和毅力來換得世人的尊敬了嗎？不是的，請讓我們向上帝尋找解藥。這個解藥是既可以瓦解民粹的各種計策，又能關愛同是上帝選民的綠軍，在對方落敗時。伸出慈悲和關愛的雙手，畢竟天父是慈悲的，祂只要教訓祂的子民，而不會想澈底殲滅了祂的敵人。藍軍所犯的錯誤，正是諸葛亮所犯的錯誤，用盡心計只想光復漢室，在殺害敵營子弟的時候，慶幸我方的計謀的高深而遺忘了慈悲。

藍軍要擺脫魔王的咒語，只有離開魔王的手段和魔王的魔山，勇敢地向深綠對話，勇敢地甩掉紅帽子的包袱，瞭解感性的民粹，是台灣存在的必然。與狼共舞，既是一種境界，也是一種智慧和策略，別讓綠營懷疑你會出賣台灣，別給綠營再有任何的藉口和成為無辜的小紅帽。捨棄對民粹主義者的厭惡，用教化代替審判，從普世價值的角度不是來與民粹糾纏不休，藍營早已可以鬆手；因為普世價值本身早已贏得了勝利。

試想，當你瞬間被要求放棄說閩南語，並嚴格規定學習日語並說日語；或瞬間要求你必須說北京話不准說日語，這種語言習慣的改變和轉換很容易嗎？同樣的如果要求藍軍的外省朋友們馬上去學日本話、上海話或廣東話，並且立刻禁止你的國語，這樣的措施和痛苦你願意接受嗎？

　　換句話說，假如有意要和台灣締結良緣兩岸修好，需要對話的對象，對於中南海而言是綠軍而不是藍軍，需要傾聽的對象是綠軍而不是藍軍，中南海目前的台灣策略，總是拉攏一大批失意的藍軍或橘軍政客，這是絕對的錯誤。下一個華人社會中的中南海台灣策略對此必然有所調整。

　　若不調整策略則讓中南海視線模糊，沒有辦法看清楚台灣真正的局勢在那裡，想要幫助台灣重新回到理性執政的辦法，應該是仔細的聆聽綠軍朋友及民眾心中深度的哀怨。誠如連戰訪陸時對胡錦濤所說的話：「**請瞭解台灣人民想要當家做主的心情。**」這才是中南海政府應該深思的問題。

　　雖然連戰說出了台灣人民的心聲，但我認為其實連戰仍無法深刻瞭解那個語言使用完全弱勢，長期不斷地改換他人語言說話的困難環境。連戰也不夠瞭解那種經濟條件不充足情況下，絕對的經濟社會弱勢的人們想要出人頭地而無法意遂的痛苦。當然他更不能瞭解那些二二八受難家屬因競爭力條件衰弱所產生的加倍憤恨，和政治經濟力量不足情況下的悲哀。這些都不是連戰所可以說得清楚講得明白的。

　　到目前為止，國民黨檯面的主要主導人物又有誰能夠說清楚，誰真的能夠體會這份心情呢？包括馬英九身邊的幕僚，誰真的能夠把這一切說得清楚呢？如果藍軍真能擁有這樣的幕僚，且能把這些話說清楚，也許藍軍就不至於如此愚蠢，藍軍也就不致像魔王下了咒一般的難以自我跳脫了。

中國能以巨大自我犧牲換取特殊經濟利益

　　未來華人社會的競爭力是什麼？**華人社會有幾乎佔全世界**

四分之一的龐大人力，並且擁有強大的機動性可以突破形式和組織化，瞬間快速的完成一項公共工程或任何公共工程。中國社會是罕見可以犧牲大部分人利益，成就整個大一統華人社會的利益，這種競爭力是其他國家所見不到的。犧牲人數和力量可以達到上億人，為的是成就其他十幾億人的利益。

犧牲十億人口的利益，試問，有多少國家能做到呢？毫無疑問的，美、日和歐洲等三個經濟體都是做不到的。中國社會因為可以強大的自我犧牲換取特殊的經濟利益，便使得競爭力隨時有突破性發展的可能。例如，為了換取體育上的榮耀，中國可以不惜一切改造北京這個沙塵暴鋪天蓋地的城市；可以南水北送解救這個城市；甚至可以強力動員在奧運期間控制車輛減少；讓人們不上街以接待全世界的觀光客。這些都是其他國家不可能做到的。

中國社會是目前為止既中央集權又達到經濟自由發展的國家案例。過去二十年中，所有的預測都認為經濟自由和政治自由一定要同步發展，大家都認為中國必須因為經濟發展而使得政治逐步民主化。但從現今發展看來，中國的民主化和經濟發展關係卻沒有必然性。

也就是說，假如中國在發展經濟的同時同步進行民主化，其實也會增強內部的亂數和變數，這將使得經濟發展受到影響。以言論自由來說，一旦開放了就無法理解後面整個國家的局勢會產生什麼現象，而言論自由的管控正是犧牲大部分人自由，為數高達十三億的人必須集體性的犧牲部分自由，接受這樣的言論自由管控，以換取共同的更高利益。

雖然有所犧牲卻能換取中國高經濟的成長率，大家都會認為值得。如果中國大陸的每個省份都像台灣一樣有這麼高的言

論自由程度，小小的地方卻有十四個以上的談話性節目，有多個call in 節目在每天呈現，可見台灣已有言論高度的自由。如果中國現有七百個電台裡有一百個這樣的節目，那麼中國有沒有可能動盪？會不會進入一個混亂的思維狀態？的確是的。再加上中國擁有龐大的低教育層次人口，貿然實施言論自由，絕對不是幸運之舉。台灣經過長年的教育改革和教育發展，在這樣的言論之下尚且無法自治，尚且身受其害，更不用說還有龐大文盲結構或低教育人口的中國了。

所以，**中國最大競爭力來自於她的自我犧牲，以及龐大的人口動員，和各種人口的組成和高度機動性，及高度的競爭欲望**。對華人社會而言，中國並不需要追求平均主義的再實現，需要追求的是一個新的發展穩定主義。所謂發展穩定主義是持續發展經濟，並且在穩定中繼續發展，人民就可以感覺到滿足和有希望。至於每個人可以在這穩定的發展中獲得多少發展，不是主要重點。重點是個人可以在這個結構裡換得多少自己可能因努力而換得的利益，那才是最重要的事。

中國人民只要覺得是有希望的、可操作的，就願意繼續在這個框架下發展他們的體制。於是任何人想要把中國的市場加以簡單的切割和理解，不管它是通路、金融、人才、資訊、任何一方面的流通都會是失敗的。像台灣所面對的雙卡問題，金融卡和現金卡能讓大家預借現金、方便使用刷卡，在中國短時間內是不會實施的。中國大陸到目前為止，人們所使用的手機都是儲值卡付費方式，並未實施如其他國家或台灣等先打電話後付費的狀況。任何人都可以買到這種電話，也永遠不會積欠電信公司任何一毛錢。在刷卡問題上也是一樣，中國人民必須先在銀行存錢才能使用刷卡，因此他們所刷的卡不是銀行幫他

們預付的，這樣銀行就不會有壞帳於信用卡上。

　　可是，並非所有中國銀行都沒有壞帳，他們的壞帳在其他公家單位。例如：許多的大學都積欠銀行大筆的金錢，那些金錢相當巨大，可能三十年內都難以歸還。這部分的呆帳將會是中國金融未來的一大隱憂。中國因為要追求發展和穩定，當然免不了在經濟發展過程中會遇到困境和瓶頸，尤其是外資進入，更是容易遇到瓶頸，如何解決接軌上的困境及國外金融處理的概念，也是極需要加以面對的。

　　所以，**所有的金融投資進到中國都應該改變原有的典範。**在香港的金融投資完全不同於在上海的金融投資，這是兩個完全不同的典範，而中國的確擁有特殊的金融結構和發展條件。

下個世代應小心防範知識的騙局

　　除了典範的轉換需要注意以外，另外還要注意知識的騙局。中國在二十世紀後半葉，因為凱因斯經濟學的知識騙局，受了很多經濟的殘害。未來應該要特別防範類此的知識騙局。**目前的中國正在努力追尋哈耶克的自由主義經濟學。表面上自由主義經濟是一個非常好的經濟理論，但是哈耶克沒有注意到全球資源和全球環境的有限性，以及中國人口的關聯性，一旦**全面自由發展後續會產生什麼樣的問題和發展？

　　哈耶克的經濟學思考背景，是一個以歐陸經濟體跟美國經濟體為思考的背景，卻無法完全適用於中國。但是，中國急於尋找經濟的良方，所以大量的以哈耶克為思考的基礎，雖然哈耶克對政治的民主化、自由化會有幫助，但其整體發展是否適用於中國，值得深入瞭解和評估。

　　我們不能不正視一個問題，即經濟學家所犯的錯誤常常造成世界的巨大災難。例如：馬克思的資本論發展到現在已經難以被任何一個經濟體所信奉。同樣的知識騙局還存著在環境學、生態學、教育學、社會學等的環節裡面，甚至包括軍事、科技的許多的角落裡面。

　　舉例而言，人們相信我們的糧食可以發展到世界有兩百億人口，但是我們並不知道世界有兩百億人口的時候整個社會環境和細菌的關係是怎樣？在兩百億人口的環境下我們所擁有的可耕地和農作物的關係是什麼？我們屆時將會有多少比例的基因改造食物？又有多少農田灌溉用水受到汙染？吃下去的稻米是不是會嚴重的影響我們的健康？太湖的水若已經有了藍藻，附近的農田的用水能令人放心嗎？到那時我們要繼續原有的生態和糧食思維嗎？如果不相信原有的生態思維，那麼人口政策是不是應該加以修正？而原有的勞工政策應該修正嗎？

　　這就是知識騙局所造成的危害。一個簡單的觀念其實就會產生巨大的影響。孫逸仙在三民主義中認為中國只有四萬萬的人口，實在是太少了。他認為中國的生育率實在是不足。這樣的一個人口觀念，在今天來看，則大家反倒是熱切的希望中國只有四萬萬的人口，那很多問題就不需要再處理，整個中國的競爭力也可能大大提升。

　　同樣的知識騙局也出現在其他的貨幣理論或金融理論。例如金融愛國主義就是一個知識的騙局。另外，我們往往認為所有的產業必定不斷地科技化或高科技化，傳統產業是不是一定必然會消失？其實，只有部分的產業是如此。有許多必需的產業並不會消失，只會轉換形態，或保持某種程度而繼續存在。例如：台灣的房地產業；或三十年後大陸的房地產業；或中國

的印刷產業等，這些產業都仍可繼續保持競爭力。

　　中國經濟自由的成長和發展在達到一定的生產值時，整個世界的總生產值及經濟板塊將如何變動？特別是在亞洲又會是怎樣的新局勢？中國、日本和亞洲四小龍將超過美國經濟體，並超過歐洲經濟體。掌握中國經濟趨勢就能掌握亞洲趨勢，掌握亞洲的趨勢即能掌握世界的趨勢。問題是中國的趨勢是不易掌握的，而中國想要超越日本的不僅止在經濟上，還希望在其他各個層面上，如精緻文化、產業特質等，這些都是中國人民高度的民族心理需求。

　　以文化而言，到目前為止中國對西方文化的吸收還不如日本。日本到一九七十年即已七度翻譯尼采全集，單是對尼采的研究就有一本厚達三百頁的目錄。但整個華人世界加總起來對尼采的翻譯卻還不到三分之二，甚至只有二分之一左右（至二〇〇七年）。單是文化上即以是中國極需追趕的。雖然，在馬克思、列寧、史達寧的翻譯完整度，中國是遠遠超過日本，但是比起整個世界，不管是自由主義或社會主義或其他哲學家、思想家、經濟學家的完整翻譯還是遠不足的。所以，未來中國除了加強英語的競爭力外，還要吸收西方文化。

　　中國的閱讀人口雖然已經增加到三億人，在絕對值上大於日本，但在學術書的市場上依然是整個中國文化層面的弱項。這代表中國在經濟的發展的健全度仍是不足的。在八十年代末九十年代初，中國的學術書發展曾有一段榮景。當時海德格的《存在與時間》、沙特的《存在與虛無》銷售達五萬冊之多，但這樣的榮景對一個大國來講其實不足為喜。比起日本的西田幾多郎《善的研究》哲學性的著作被再版上千版之多，即可知日本民族對於哲學的愛好遠遠大於中國。

　　日本在精緻文化關注及保護上，甚至對美學的重視，都遠遠超越中國，當然也遠超過台灣和香港。這是華人值得深思和重視的問題。而要重塑價值觀，建立精緻文化，也成為下一個華人社會的努力目標和方向。

未來三十年沒有贏家通吃的局面

　　從各個面向觀察中國社會，在中華經濟體裡面或是華人經濟體未來發展趨勢，其實並無需應付M型社會的問題，只有怎樣面對下一個華人社會的問題。下一個華人社會的因應策略即是政府、知識分子、企業界各個階層都必須要有事先擬定新的策略的準備和自我的認知，也就是要有對社會發展的明確認識。

　　未來的華人社會，不管是先知或先覺者，都不會是贏家通吃的局面。也就是誰也沒辦法通吃華人社會，即使是權力的絕對擁有者也不可能，這一點和日本的萬世一系、太陽帝國的局面完全不同。對中國人來講，由於中國文化的影響，包括老莊哲學或禪宗哲學的傳承，向來大家都是三千弱水只取一瓢飲，大家願意做一個消遙者，做一個與萬物互相看齊的齊物者，所以並不會有人真的會想要贏者通吃，這樣的新的社會形態，全然不同於西方壟斷式的經濟形態。下一個華人社會不僅是各取一瓢飲的形態，這樣佔據了世界四分之一的新社會形態，還有可能反過來影響其他的經濟體。由於中國提供這樣的機會是面向全世界的，而且全世界明白這種生活方式的游牧者都會想要進到這個社會來，因此，未來不是只有領退休金或救濟金者可以來而已，其他願意過另一種生活形態的生活家也都可以進到

華人社會裡來，亦即下一個華人社會是全面開放的，甚至吸引了全球新中產階級進到中國經濟體的一個社會。

所以，**下一個華人社會，中國大陸像一個中產階級生活吸引器，會有更多更多的世界公民搶進中國，並過著另一層次的現代游牧生活，這種新形態的游牧生活，開啟了更多人的眼界，也創新了生活的新視界。**

重新思考人類存在的價值

到了下一個華人社會，**人們會重新思考自己存在的價值。人的價值及公民資格將被重新定位。**人們會重新思考：如何建構我們的終身學習、成人教育和社會教育體系；如何建構我們的兒童福利、社會照顧以及公共照護系統等。那麼，原來我們認為不可流動的階層，我們以為貧窮或世襲的狀態，就開始可以流動化，知識經濟在這裡就找到了落實點。

也就是說，由於**社會階層以品味及文化作為基礎，知識遂產生了絕對的經濟力量。原本由資本家所擁有的社會資源和力量，轉換成為由人們品味來決定價值，**因此，資本的控制就此變成人民和數字間的關係而已。而這個數字和人民的相關聯會在若干時間和空間被鬆動或重新洗牌。反而是穩紮穩打的中產階級或公務人員的階級穩定度來得更高。

表面上資本家似乎是企業帝國的霸主或獨裁者，但實際上資本家也可能成為知識分子或整個社會的消費對象。資本家因為擁有太多的財富而生活得很不自由，反成金錢的奴僕，而中產階級雖然沒有無限的錢財可茲運用，但在聰明的策略調度下，還是可以生活出高等級的品味和自由的生活揮灑空間。

　　當人們開始思考自己的存在價值，行為就會改變，生活的形態及方式也會跟著改變，生命需求也會發生不同觀點。而這對下一個世代的華人來說，這是重要的生命層次提升，也是整個華人世界的轉折關鍵。

秀威經典　　　　社會科學類　PF0197　南方華人學派11

兩岸社會趨勢大預測，
下一個三十年

作　　　者/歐崇敬
責任編輯/辛秉學
圖文排版/周政緯
封面設計/蔡瑋筠

出版策劃/秀威經典
發 行 人/宋政坤
法律顧問/毛國樑　律師
印製發行/秀威資訊科技股份有限公司
　　　　　114台北市內湖區瑞光路76巷65號1樓
　　　　　電話：+886-2-2796-3638　傳真：+886-2-2796-1377
　　　　　http://www.showwe.com.tw
劃撥帳號/19563868　戶名：秀威資訊科技股份有限公司
　　　　　讀者服務信箱：service@showwe.com.tw
展售門市/國家書店（松江門市）
　　　　　104台北市中山區松江路209號1樓
　　　　　電話：+886-2-2518-0207　傳真：+886-2-2518-0778
網路訂購/秀威網路書店：http://www.bodbooks.com.tw
　　　　　國家網路書店：http://www.govbooks.com.tw

2017年2月　BOD一版
定價：240元
版權所有　翻印必究
本書如有缺頁、破損或裝訂錯誤，請寄回更換

國家圖書館出版品預行編目

兩岸社會趨勢大預測,下一個三十年 / 歐崇敬著.
-- 一版. -- 臺北市 : 秀威經典, 2017.02
   面 ;   公分
BOD版
ISBN 978-986-94071-6-8(平裝)

1. 未來社會 2. 趨勢研究 3. 中華民族

541.49   106000533

讀者回函卡

感謝您購買本書，為提升服務品質，請填妥以下資料，將讀者回函卡直接寄回或傳真本公司，收到您的寶貴意見後，我們會收藏記錄及檢討，謝謝！
如您需要了解本公司最新出版書目、購書優惠或企劃活動，歡迎您上網查詢或下載相關資料：http:// www.showwe.com.tw

您購買的書名：_____

出生日期：_____年_____月_____日

學歷：□高中 (含) 以下　　□大專　　□研究所 (含) 以上

職業：□製造業　□金融業　□資訊業　□軍警　□傳播業　□自由業
　　　□服務業　□公務員　□教職　　□學生　□家管　　□其它_____

購書地點：□網路書店　□實體書店　□書展　□郵購　□贈閱　□其他

您從何得知本書的消息？

　□網路書店　□實體書店　□網路搜尋　□電子報　□書訊　□雜誌

　□傳播媒體　□親友推薦　□網站推薦　□部落格　□其他_____

您對本書的評價：(請填代號　1.非常滿意　2.滿意　3.尚可　4.再改進)

　封面設計____　版面編排____　內容____　文／譯筆____　價格____

讀完書後您覺得：

　□很有收穫　□有收穫　□收穫不多　□沒收穫

對我們的建議：_____

_____

_____

_____

11466

台北市內湖區瑞光路 76 巷 65 號 1 樓

秀威資訊科技股份有限公司　　　收

BOD 數位出版事業部

....

（請沿線對折寄回，謝謝！）

姓　　名：＿＿＿＿＿＿＿＿＿　年齡：＿＿＿＿　性別：□女　□男

郵遞區號：□□□□□

地　　址：＿＿＿＿＿＿＿＿＿＿＿＿＿＿＿＿＿＿＿＿

聯絡電話：(日) ＿＿＿＿＿＿＿＿＿　(夜) ＿＿＿＿＿＿＿＿＿

E-mail：＿＿＿＿＿＿＿＿＿＿＿＿＿＿＿＿＿＿＿＿